Charles Bernstein

Histórias da guerra
Poemas e ensaios

Seleção, tradução e prefácio de
Régis Bonvicino
com a colaboração de
Maria do Carmo Zanini

© 1976–2008 Charles Bernstein.
© 2008 Martins Editora Livraria Ltda., São Paulo, para a presente edição.

IMAGEM DA CAPA
Nunca

CAPA
Renata Miyabe Ueda

PRODUÇÃO EDITORIAL
Eliane de Abreu Santoro

PREPARAÇÃO
Maria do Carmo Zanini

REVISÃO
Huendel Viana
Simone Zaccarias
Dinarte Zorzanelli da Silva

PRODUÇÃO GRÁFICA
Demétrio Zanin

Dados Internacionais de Catalogação na Publicação (CIP)
(Câmara Brasileira do Livro, SP, Brasil)

Bernstein, Charles
   Histórias da guerra: poemas e ensaios / Charles Bernstein; seleção, tradução e prefácio de Régis Bonvicino; com a colaboração de Maria do Carmo Zanini. – São Paulo: Martins, 2008. – (Coleção Sibila)

   ISBN 978-85-99102-57-2

   1. Bernstein, Charles, 1950- – Crítica e interpretação 2. Poesia norte-americana 3. Tradução e interpretação I. Bonvicino, Régis. II. Zanini, Maria do Carmo. III. Título. IV. Série.

08-06638   CDD-811.09

Índices para catálogo sistemático:
   1. Poesia: Literatura norte-americana: História e crítica   811.09

Todos os direitos desta edição no Brasil reservados à
MARTINS EDITORA LIVRARIA LTDA.
R. Prof. Laerte Ramos de Carvalho, 163
01325-030 São Paulo SP Brasil
Tel.: (11) 3116.0000 Fax: (11) 3115.1072
info@martinseditora.com.br
www.martinseditora.com.br

In the middle of the way was a stone
was a stone in the middle of the way
was a stone
in the middle of the way was a stone.

Never, me I'll never forget that that happened
in the life of my oh so wearied retinas.
Never, me, I'll never forget that in the middle of the way
was a stone
was a stone in the middle of the way
in the middle of the way was a stone.

Tradução de CHARLES BERNSTEIN para o
poema de CARLOS DRUMMOND DE ANDRADE

Sumário

PREFÁCIO
Desde dentro – Régis Bonvicino 11

POEMAS E TRADUÇÕES
De Parsing, 1976
    Parsing • Decantando 20
De Shade, 1978
    "Take then, these..." • "Pegue então estes..." 34
    Poem • Poema 36
    "It's up up" • "Está alto alto" 42
    For —— • Para —— 44
De Controlling interests, 1980
    Off season • Baixa estação 74
    The blue divide • O divisor azul 84
De The sophist, 1987
    [De "Micmac Mall (Sunsct at Invcrncss)"] 90
    The years as swatches • Os anos como amostras 92
    "The order of a room" • "A ordem de um quarto" 98
    Sonata for unaccomplished cello by Susan Bee • *Sonata
        para violoncelo inepto*, de Susan Bee 106
    Use no flukes • Não use acasos 108
De Stigma, 1981
    September • Setembro 110
De The absent father in "Dumbo", 1990
    Railroad Street • Rua da Ferrovia 112

De Rough trades, *1991*
    The kiwi bird in the kiwi tree • O quivi no quiuí 116
    The poet from another planet • O poeta de outro
        planeta 118

De Residual rubbernecking, *1995*
    Liftjar agate • Portajan ágata 122

De With strings, *2001*
    Distance learning • Aprendizado a distância 124
    Your ad here • Anuncie aqui 126
    Up high down low too slow • Toca aqui deixa que
        eu toco sozinho 128

De World on fire, *em* Girly man, *2006*
    Didn't we • Não é mesmo? 130
    The folks who live on the hill • O casal da colina 134
    One more for the road • O último trago 138
    In a restless world like this is • Neste mundo agitado . 140
    Stranger in paradise • Um estranho no paraíso 142

De Let's just say, *em* Girly man, *2006*
    In particular • Em particular 144
    "every lake..." • "toda casa..." 154
    Sign under test • Desmanifesto: Luminoso em teste . 156

De Girly man, *2006*
    Thank you for saying thank you • Obrigado por dizer
        obrigado 170
    War stories • Histórias da guerra 178
    Rain is local • Chuva local 194
    Variações 196
    Me transformo • Me transform– O! 198

ENSAIOS

Inovação é a marca da reconsideração 205
Nossas Américas: novos mundos ainda em processo 218
Basta!. 232
Verso introjetivo. 236

Charles Bernstein 241
Régis Bonvicino 244

Desde dentro
RÉGIS BONVICINO

Valho-me de um verso de Charles Bernstein para iniciar a introdução a *Histórias da guerra*: "a política num poema tem a ver/ com o como ele penetra o mundo" ("Sign under test"). Bernstein chega, enfim, ao Brasil, América do Sul, continente com o qual os norte-americanos se relacionam de modo "racista, preconceituoso e etnocêntrico", segundo Marcelo Santos. Afirma ainda Santos que, "em geral, referem-se aos latino-americanos como atrasados, inferiores, subdesenvolvidos, bárbaros, católicos, mestiços, antidemocráticos, incapazes de resolver seus próprios problemas" e, em conseqüência, conclui: "justificam as intervenções dos predestinados, brancos e civilizados norte-americanos"[1]. Quem paga o preço da resistência – justa – dos latino-americanos aos norte-americanos é, paradoxalmente, a cultura erudita... norte-americana e, especificamente, sua poesia – a melhor, como um todo, do século XX no mundo, ao lado das manifestações de vanguarda européias até os anos 1920. Basta folhear os cadernos "culturais" dos maiores jornais brasileiros para verificar que o cinema norte-americano e a pop music de qualidade duvidosa os pautam. Basta acionar o botão da tevê ou do rádio. Basta andar pelas ruas, onde um nome de loja em inglês a torna "moderna". Basta ir a uma edição da FLIP (Festa Literária de Paraty),

---

1. *O poder norte-americano e a América Latina no pós-Guerra Fria*, São Paulo, Annablume, 2007.

para encontrar prosadores norte-americanos medíocres entre os convidados. Nem toda a arte erudita estadunidense, no entanto, isentou-se de "serviço" político. Leia-se:

Mais uma vez a CIA recorreu ao setor privado para promover seus objetivos. [...] O Museu de Arte Moderna (MOmA), de Nova York, era proeminente entre os museus de arte contemporânea e de vanguarda. Seu presidente, durante a maior parte das décadas de 1940 e 1950, foi Nelson Rockfeller, cuja mãe, Abby Aldrich Rockfeller, fora sua co-fundadora, em 1929 (Nelson o chamava de "Museu da mamãe"). Nelson era defensor entusiástico do Expressionismo Abstrato, ao qual se referia como a pintura da livre empresa.[2]

Saunders acrescenta que, para o *status quo*, o Expressionismo Abstrato representava uma arte anticomunista, filiada à ideologia da liberdade e da livre iniciativa, porque, não figurativo, tornava-se silencioso e conveniente. O Expressionismo Abstrato foi o primeiro movimento pictórico norte-americano e conquistou prestígio mundial por meio de seus artistas, como Jackson Pollock (1912-1956), o armênio-americano Arshile Gorky (1904-1948), Philip Guston (1913-1980), que trabalhou com o poeta *language* Clark Coolidge, Willem de Kooning (1904-1997), Mark Rothko (1903-1970), entre outros.

Além da resistência ideológica, há para a poesia de Bernstein, no Brasil, a resistência de ela ser, realmente, inovadora,

2. Frances Stonor Saunders, *Quem pagou a conta? – A CIA na Guerra Fria da cultura*, Rio de Janeiro, Record, 2008.

o que desestabiliza o equilíbrio do circuito local – hoje, infelizmente, distante de seus melhores dias. Sua poesia acrescenta e abre perspectivas. Além disso, o resultado dela é bastante distinto do resultado do que se produziu aqui sob a etiqueta "concretismo", com exceção de alguns pontos comuns a toda peça que se possa chamar de "contemporânea", como a parataxe, a colagem, a ruptura com certas formas tradicionais de significado etc. Sua poesia vai de encontro ao leitor e não ao seu encontro. É a poesia do "desacordo", para utilizar expressão de Anne Mack – "poesia que desaponta o leitor ao afastar-se do tradicional equilíbrio entre opostos e qualidades"[3]. Ela indaga: "por que se espera um sentido cursivo de um poema, quando ele é um poema?". E caracteriza a poesia de Bernstein como aquela que incendeia seus censores, para que o leitor possa imaginar uma literatura que propõe suas próprias interpretações, uma literatura que torna tangível sua produção de idéias, por meio de cortes, sons e design do poema na página. Bernstein não faz poesia para que ela seja veículo de significados já referenciados, em repertório corrente. Seu maior esforço é o de criar possibilidades de significados, a partir, inclusive, da desconstrução desses significados correntes. Mack observa também que, para Bernstein, o significado não pré-existe ao poema e que ele é "feito" na linguagem.

João Cabral de Melo Neto dizia que Joan Miró não pintava quadros, mas pintava e ponto, e que, ao privilegiar a linha

---

[3]. Anne Mack, J. J. Rome & Georg Mannejc, "Private enigmas and critical functions, with particular reference to the writing of Charles Bernstein", *New Literary History*, vol. 22, n. 2, 1991.

e o traço, rompia com o "equilíbrio renascentista" da representação, que levava outros pintores à tela com composições prontas. Cabral definia a pintura de Miró como "constante dinâmica", sem aspiração de tornar-se gramática – o que vale para a poesia de Bernstein, igualmente. Por isso, optei por focar o poeta Bernstein e não o excepcional crítico literário ou o líder do movimento L=A=N=G=U=A=G=E poetry, lançado por ele e Bruce Andrews, em 1978, em Nova York, que rapidamente conquistou, para suas fileiras, nomes que, agora, estão entre os melhores poetas norte-americanos vivos: Susan Howe, Lyn Hejinian e Michael Palmer – ao lado de John Ashbery, que se inspirou, no início, no universo francês e no surrealismo. É hoje Bernstein não só poeta de projeção mundial, como também um dos melhores de seu país, desconsiderando-se as figuras da cultura oficial de língua inglesa como Seamus Heaney, Derek Walcott, Louise Gluck, Anne Carson, Frank Bidart, Paul Muldoon ou C. D. Wright, para não falar da múmia Jorie Graham – "rainha" da cultura do verso oficial. A Bernstein, no entanto, apesar de seus 58 anos, são negadas – ainda – as páginas da revista *New Yorker* ou as do *New York Times Review of Books*. Não quero entrar na questão da L=A=N=G=U=A=G=E, porque, como todo movimento, diluiu-se em centenas de imitadores, e tornou-se um clube, no qual prevaleceu, acriticamente, o auto-elogio ou o elogio recíproco, embora o termo "language poetry" ainda seja um termo "sujo", e o movimento tenha – de fato – reconfigurado e enriquecido a poesia norte-americana. Lembra o poeta finlandês Leevi Lehto que, para o grupo L=A=N=G=U=A=G=E, era central o conceito de Ferdinand Saussure de que "a linguagem determina a realidade". E acrescenta: "Por isso mesmo, L=A=N=G=U=A=G=E foi um fenômeno norte-americano, intransferível – mecanicamente – para o palco de outras literaturas", concluindo que sua influência se dá em termos de estímulo para outras poesias pensarem-se como linguagem e lugar incomum. A lembrança é oportuna num país como o Brasil, no qual a "influência" torna-se "um orgulho", no dizer de Paulo Franchetti.

A obra de Bernstein é extensa. Adotei como estratégia de tradução flagrar seu começo e seu agora, de *With strings* (2001) e, sobretudo, *Girly man* (2006). *The sophist* (1987) é considerado um dos principais livros da poesia norte-americana da segunda metade do século XX. No Bernstein pós-11 de setembro de 2001, de *Girly man*, o combate cerrado ao "eu" e seus clichês ("Sentenças"), o combate à cultura do verso livre e flácido do pós-Segunda Grande Guerra, o "desacordo" com o leitor, cedem espaço à urgência, a aforismos – paradoxalmente – diretos e a poemas como "Histórias da guerra": "A guerra é surrealismo sem arte". Notei, ao verter o poema, certa hesitação no que se refere à invasão do Iraque em 2003, creio que em virtude da satânica declaração de Bush: "Either you're with us or you're with the terrorists". O poema foi escrito logo após a invasão, e preferi traduzir "War is an excuse for lots of bad antiwar poetry" por "A guerra é um poema ambíguo, que tenta desqualificar a crítica da guerra". Naquele momento, opor-se à guerra (atentados ao World Trade Center e Pentágono) seria – de certo modo – legitimar, para um estadunidense, o terrorismo, embora o impasse revele, mesmo num autor de esquerda, o traço de "predestinado" do povo norte-americano e o de "rebelde" latino-americano no tradutor. O poema é um painel da cultura daquele país sob o pretexto de abordar mais uma guerra: "A guerra é um tanque cheio de *van* para famílias felizes". E lembro, *en passant*, que o senador Barack Obama votou contra a invasão. E que os Estados Unidos tornaram-se um Estado terrorista, um Estado torturador, haja vista Abu Graib e Guantánamo.

Metade da poesia de Bernstein é, acentuadamente, norte-americana, "not for export". Tentei, em vão, traduzir "The ballad of the girly man", de grande fluência em inglês. E o próprio autor justificou meu fracasso: "As you know, a poem like that is so culturally specific, in this case local American culture not its export product" (carta de 14 de março de 2007). O título *Girly man* é expressão do governador da Califórnia, Arnold Schwarzenegger, que declarou, quando da invasão do Iraque, que "só um *girly man* – um viado, um efeminado – é contra a guerra". Procurei verter vários tipos de procedimentos (não todos) utilizados pelo poeta de *With strings*: poema em prosa, poema talhado como escultura ("For"), os que dialogam com a cultura de massas, poema lírico ("Rain is local") e um poema *zaum* ("Use no flukes"). (*Zaum* é uma palavra empregada para se descrever os experimentos lingüísticos sonoristas dos futuristas russos Velimir Khlebnikov e Aleksei Kruchenykh.) Não sou um "tradutor", mas poeta em diálogo com outro poeta, e daí decorrem as liberdades que tomei no corpo das traduções. Cabe destacar que Bernstein foi ator no excelente *Finding Forrester*, de Gus Van Sant, vivendo Jack Simon, diretor da escola na qual estudava Jamal – o menino negro escritor.

A crítica literária Marjorie Perloff – grande admiradora de Bernstein e sobre o qual escreveu vários ensaios – nota que sua poesia faz a linguagem funcionar desde dentro. Espero não ter logrado o leitor brasileiro.

POEMAS E TRADUÇÕES

Parsing

[...]

      to fill up this

          was a man sitting there

without program, rule

        abiding

     was a grouper hence graphic

   makes no cohesion

         world, waste,

     too its too

        i placed the jug on the table

            placing the jug on the table

          i was placing the jug on the table

             hence graphic, grouper

              a graphic

              a piston

             a placement

        of the jug on the

       sitting, without program, abiding

    a gunge hence grouper

           placing, hence

             piston, gunge

Decantando

[...]

        para preencher isto
            era um homem sentado lá
sem regra ou programa
          fixo
      era um garoupa daqui gráfico
sem nexo
             mundo, refugo,
       demais de mais
         eu coloquei o jarro na mesa
             colocando o jarro na mesa
          estava colocando o jarro na mesa
              daqui, gráfico, garoupa
                um gráfico
                um pistão
                um arranjo
          de um jarro
         no sentar-se, sem programa, fixo
      um grumo daqui garoupa
            colocando, daqui
             pistão, grumo

the jug coming upon the table,

        surfacing with it

---

o jarro pousando na mesa,

confrontando-se com ela

———————

was pealing an apricot
was pealing an american
was pealing a jug, sitting,
   setting, the apricot
was pealing a fig
was pealing,
   very sorrowful, she said,
     in itself
    was standing
    was luminous
    was a kirelian photoillumination
    was beautiful

  "it's more than that, than anything," _____ explained joyfully
     & sat down
     head bare,

    & more than that it
     does not change
      though its patterns
     vary, recur
     in illuminations
      or occlusions, amid a
     field, grid
      the mind is

       as
     jug, fig, luminous

repicava um damasco
repicava um americano
repicava um jarro, sentando,
   assentando, o damasco
repicava um figo
repicando,
  com pesar, ela disse,
    em si
   estava de pé
   estava luminoso
   era uma fotoiluminação kireliana
   estava lindo

 "é mais do que isso, do que qualquer coisa" _____   explicou feliz
    & sentou
     cabeça nua,

   & mais do que isso
    não muda
     embora seus padrões
    variem, recorrentes
    em iluminação
     e oclusão, em meio
     ao campo, grade
     a mente é
      como
    um jarro, figo, luminoso

                                    was aztec
                                    was sock
                                    was misplaced

        hence polyhedron, figment,
                            lemon, limit
                    vagrancy

              was a sign
              was painted
              was glassy

                              & slipped in it

---

                              era asteca
                              tipo soquete
                              estava perdida

daqui, poliedro, figmento,
                limão, limite
           ao acaso

                    era um signo
                    estava pintado
                    era vítreo

                              & esvaiu-se em si
                    _____

so you sit down, they say, & wait for it

      stripping the bass on the beach,
          peeling the skin off,
              cooking it & eating it,

    was a tall one, they say
    was fat, they say
    was in a blue robe or hunting vestment

& then walk around, looking
      & leave the room

        they say it's

    & the bones unnerve yr tongue
        you spit them out

            sitting down, you run out of
                [content

    yr tongue in its mouth
    cheeks inert

            going into the space
                [outside
            yr body spilling
              [out of doors

      as though,

      _____

então você se senta, eles dizem, & espere
    cortando o peixe na praia,
        retirando a pele,
           cozinhando-o & comendo-o,

    era dos grandes, eles dizem
    era encorpado, eles dizem
    estava num manto azul ou roupa de caça

& então ande por aí, olhando
    & saia da sala

        eles dizem ele é

& os ossos debilitam sua língua
    você os cospe

           sentado, você fica sem
                    [conteúdo

    sua língua em outra boca
    faces incrtcs

           indo para o espaço
                [lá fora
          seu corpo
        [transborda pela porta

    como se,

---

the dishes, piling
the work refused

piles, clump, clot

      contextual disruption
      contextual disruption
      contextual disruption

having robbed my self

      of illusion, chimera

          wild insistence on
     being there,

          here, as

     progression to opal

          i cld not paint a picture

… i cld not live with you

      knowing then the

    circumference of an

     opal is

bounded by disruption

      "i did not drag my father beyond this tree"

os pratos, se empilhando
o trabalho recusado

pilhas, grumo, coágulo

    ruptura contextual
    ruptura contextual
    ruptura contextual

roubei-me

    de ilusão, quimera

        insistência feroz em
    estar lá,

        aqui, como
    progresso à opala

        não poderia pintar um quadro
… não poderia viver com você

        sabendo então que
    a circunferência de uma

        opala é
limitada pela ruptura

    "eu não arrastei meu pai além desta árvore"

was waiting

was jumping around

was giving it up

      across

            speed, struck,

        & then

was tasting

was a jack in the box

saw a stuffed pig

       dry,

        "to like from being"

   is an attraction

       to rudeness, fixation

           an intimacy or sense of outside

           an edge

           coming to meet

only the talking no more than the waiting for speech, an emptiness i bring to it, or both together, in the interpretation, always seeing as, & as absence

estava esperando
estava vadiando por aí
estava desistindo

    através
            velocidade, choque
    & então
estava experimentando
era uma caixa de surpresas
vi um porco empalhado
      seco,
          "gostar a partir do ser"
  é uma atração
      pelo rude, fixação
          uma intimidade ou senso de
                      [aparência
      margem
      ir ao encontro

somente a conversa não mais do que a espera pelo
discurso, um vazio que eu trago a ela, ou ambos juntos, na
interpretação, vendo sempre como, & como ausência

Tradução: Régis Bonvicino

"Take then, these…"

Take then these nail & boards
which seams to lay me down
in perfect semblance
of the recognition, obelisks
that here contain my pomp

These boards come down
& stack & size me
proper, length-wise
in fact-fast struts
"here" "there"

Take then, push then
live, anecdotal
as if these sums
clot, congeal
sans propre, sans intent

"Pegue então estes..."

Pegue então estes pregos & tábuas
que se agregam para me ajustar
em perfeita imagem
do reconhecimento, obeliscos
que aqui contêm minha pompa

Estas tábuas desabam
& amontoam-se & me acomodam
de modo próprio, em linha
de fato – andar rápido e impávido
"aqui"   "lá"

Pegue então, empurre então
vivo, anedótico
como se estas somas
coalhassem, coagulassem
impróprias, sem propósito

Tradução: Régis Bonvicino

Poem

here. Forget.
There are simply tones
cloudy, breezy
birds & so on.
Sit down with it.
It's time now.
There is no more natural sight.
Anyway transform everything
silence, trees
commitment, hope
this thing inside you
flow, this movement of eyes
set of words
all turns, all grains.
At night, shift
comets, "twirling planets,
suns, bits of illuminated pumice"
pointing out, in harsh tones
cancers & careers.
"Newer Limoges please."
Pick some value
mood, idea, type or smell of paper
iridescent, lackluster
&, "borne in peach vessels,"
just think

Poema

aqui. Esqueça.
Há simplesmente tons
nublados, frescos
pássaros & assim por diante.
Sente-se com ele.
Agora é a hora.
Não há mais paisagem.
Embora transforme tudo
silêncio, árvores
compromisso, esperança
esta coisa dentro de você
flui, este movimento dos olhos
conjunto de palavras
todas as vezes & sementes.
À noite, muda
cometas, "planetas rodopiantes,
sóis, pedaços de púmice iluminados"
apontando, em tons ásperos
cânceres & carreiras.
"A mais nova Limoges por favor."
Agarre algum valor
humor, idéia, tipo ou cheiro de papel
iridescente, sem brilho
&, "nascido em recipientes de pêssego",
apenas pense

"flutter & cling"
with even heavier sweep
unassuaged
which are the things
of a form, etc
that inhere.
Fair adjustment
becomes space between
crusts of people
strange, rending:
a sound of some importance
diffuses
"as dark red circles"
digress, reverberate
connect, unhook.
Your clothes, for example
face, style
radiate mediocrity
coyly, slipping
& in how many minutes
body & consciousness
deflect, "flame on flare"
missed purpose.
Your eyes
glaze
thought stumbles, blinded
speck upon speck
ruffling edges.

"inquiete-se & agüente-se"
com um ritmo ainda mais difícil
intenso
o que são as coisas
de uma forma etc
inata.

Ajuste justo
se transforma em espaço entre
crostas de pessoas
estranho, cortante;
um som de alguma importância
difunde
"como círculos vermelho-escuros"
divaga, reverbera
conecta, desprende.

Suas roupas, por exemplo
rosto, estilo
irradiam mediocridade,
timidamente deslizando
& em quantos minutos
corpo & consciência
desviam, "fogo em dobro"
propósito perdido.

Seus olhos
se embaçam
o pensamento tropeça, cego
partícula sobre partícula
arranhando margens.

"But do not be delighted yet."
The distance positively entrances.
Take out pad & pen
crystal cups, velvet ashtray
with the gentility of easy movement
evasive, unaccountable
& puffing signs
detach, unhinge
beyond weeds, chill
with enthusiastic smile
& new shoes
"by a crude rotation"
hang
a bulk of person
"ascending," "embodied."

"Mas não se sinta encantado ainda."
A distância definitivamente extasia.
Pegue o caderno & a caneta
xícaras de cristal, cinzeiro de veludo
com a delicadeza de um movimento fácil
evasivo, inexplicável
& arrastando signos
separa, desarticula
além de ervas daninhas, esfria
com sorriso entusiasmado
& sapatos novos
"por uma rotação crua"
pendura
um esboço de pessoa
"ascendendo," "incorporado".

Tradução: Régis Bonvicino

"It's up up"

It's up up
    I skate across, feel skittish
      "there are limits to what I can put up with"
keep it there
    study, assuage,
        hold, slips
          a slippage
automatic, recurrent
            grows typical, unworldly:
"voice, accent, manner, face, mind"
          look, sound, purpose.
We insist formally on several elements.
    Truth, false starts, fresh starts
        "slow speed & heavy reason"
    to my lot,
        fell/

"Está alto, alto"

Está alto, alto
   deslizo de um lado a outro, sinto-me agitado
    "minha paciência tem limites"
deixe isso aí
   estude, atenue,
     segure, escorrega
       uma escorregadela
  automático, recorrente
     se torna típico, não mundano:
"voz, sotaque, jeito, rosto, mente"
      aparência, som, propósito.
   Insistimos formalmente em vários elementos.
    Verdade, falsa largada, nova largada
      "velocidade baixa & razão forte"
     à minha sina,
       coube /

Tradução: Régis Bonvicino e Maria do Carmo Zanini

For ——

> *as a tree is connected in its own*
> *roots so a person is connected in*
> *his/her own self*

touch. Obviously
what else, meaning
in comparison, I guess
complicating things at
distance. Your life seems
to let more than
things, like lovers
with it, though writing
caring enough & the
others of, wondering
created like: I have
part of. Gradually
burden you. What's
place? I fade like
but in a small way
scare me. Otherwise
images, finite, emptiness
of living in
caring about; are
now, felt, marks
to need you
distantly covers it

Para ——

> *se a árvore se articula em suas próprias*
> *raízes, a pessoa se articula em*
> *seu próprio ser*

contato. Obviamente
mais o que, ou seja
em comparação, suponho
complicando as coisas a
distância. Sua vida parece
deixar mais que
coisas, feito amantes
com ela, embora escrever
importar-se o bastante & os
de outros, perguntar-se
a sua imagem criado: tenho
parte nisso. Gradualmente
oprime você. O que é
lugar? Apago-me feito
mas de leve
me assusta. Do contrário
imagens, finito, vazio,
de viver em
cuidados; são
agora, sentidos, marcas
precisar de você
de longe o compreende

exactly; confirm that
as rejection (or am
saying (an now
friends; of each
being struck
& all
sounds; "flippance"; seams
amaze me
else. So it
pass deliberately
even
greed": that does
ease for which
internalness & possession
style, the art
remembrance of
posing, pretence
grip nor even
objects (chairs, faces, mountains
look at
optically
incredible, bitter
presence
of this
wasting away in
felt emotions. That's what
I think (must seem
& it. To time

exatamente; confirme que
como rejeição (ou estou
dizendo (um agora
amigos; de cada
ser atingido
& tudo mais
sons; "petulança", suturas
me espantam
mais. Por isso
passa deliberadamente
até mesmo
cobiça": o que faz
desembaraça e
íntimo & possessão
estilo, a arte
lembrança de
pose, pretexto
segurar nem mesmo
objetos (cadeiras, caras, montanhas
olhe para
opticamente
incrível, amarga
presença
deste
definhar em
emoções sentidas. É o que
penso (deve parecer
& a coisa. Para o tempo

that–back in
just kissing
but still–to you–become what
it now, I do
as rejection, that
with you
but put on
(whatever
"crush" is
that I like (you
always afraid that
now, exactly, I
confirm
in the new
visage of the place
is, it's more
by lacking
depersonalize it
else, to be alive
"in love" with
sleep, fast, &
hear your
role.) Anyway
relationships–so so–we
you, distantly, when
wonder at that gap
in time. Between
am, since

isso – reentrar
só beijando
mas ainda – para você – torna-se o que
isso agora, faço
como rejeição, que
com você
mas envergue
(o que quer que
"esmagar" seja
que gosto (você
sempre com medo de
agora, exatamente, eu
confirmo
na nova
cara do lugar
é, é mais
pela falta
despersonalizá-lo
mais, estar vivo
"enamorado" de
sono, rápido &
ouvir seu
papel.) De qualquer forma
relacionamentos – assim, assim – nós
vocês, ao longe, quando
admirado com o intervalo.
no tempo. Entre
sou, desde

& especially acknowledge
much, but, this
envy
"as I'd be"
lashing at lack
need you. (I
another person, everyone, is
"focused"
more & more, cling
–writing, moves, you
but obviously what's
as with new kinds of
which are living with
relations & rejections
this–but this
in a different way
looks at
its worth
& if that's
over & above
again, here, I
perhaps tell you
I want to be trustworthy
&c
at, which is
of how things really
(not in my fashion
occur

& agradeço especialmente
muito, mas, esta
inveja
"como eu seria"
atacando a falta
preciso de você. (Eu
outra pessoa, todo mundo, está
"focado"
mais & mais, apegado
– escrita, gestos, você
mas obviamente o que é
como no caso de novos tipos de
que estão experimentando com
relações & rejeições
isto – mas isto
de outra maneira
olha para
seu valor
& se está
acima & além
de novo, aqui, eu
talvez conte a você
quero ser confiável
&c.
para algo, que é
de como as coisas realmente
(não do meu feitio
ocorrem

& are occasionally
as well as usual
details in touch
make me
feel your sense of
things
whirling in response
isolate
listless, finally
in a characteristic way
its colors
transformed into vacancy
floating, airy
like a long time
unintimidated, unconditioned
you, those
for my part
persons (view of
grading importances
up, lately
as you
sad: completely
feel like
parts
as it always
life; got
of truncated
alternatives

& são ocasionalmente
bem como de costume
detalhes em contato
me fazem
sentir sua noção de
coisas
girando em resposta
isole
apático, ao cabo
de maneira característica
suas cores
transformadas em vácuo
flutuantes, aéreas
como um bom tempo
não intimidado, não condicionado
você, aquelas
de minha parte
pessoas (panorama de
importâncias em degradê
alto, ultimamente
como você
triste: completamente
sente-se como
partes
como sempre
vida; ficou
de truncadas
alternativas

still holds
as it says
months:
governs
things, necessarily
you, your
bring it on
mean its
complication
at
tangles
as truth
used
or easily
thought
of, yet
other persons
spoke, real, reason
a line. Left after
mystification & confusion
shifting responsibilities
"fluctuating" as you say
to) get
this kind of
continual missing
self-doubt, infatuation
stripped, down
& afraid, for instance

ainda se mantém
como se diz
meses:
governa
coisas, necessariamente
você, de você
pode vir
significa sua
intriga
em
enredos
como a verdade
à mão
ou facilmente
urdida mas
outras pessoas
falaram, real, razão
uma linha. Na esteira de
mistificação & confusão
transferência de responsabilidades
"flutuando" como diz
para) obter
este tipo de
ausência contínua
insegurança, paixão
despido, até o pé
& temeroso, por exemplo

(gasps, what's
to say
"I should say"
& you, you
I feel (whether or not
is lost
up against
these lines
jags
for someone, to hear from
shapes me
'so that I will exist'
strange, the power
not in my fear
draws their meaning
all this. I
& that's
motion, the sight of birds
an externalization, all moving
as I have
not cloud, haze, or sadness
you, I
& speed with
in a way this whole
restores my balance
becomes reason
I was thinking
of rooms, inhabiting

(suspiros, o que há
para dizer
"Devo dizer"
& você, você
sinto (quer esteja ou não
perdido
face a face com
estas linhas
dentes
para alguém, notícias de
me molda
'para que eu exista'
estranho, o poder
não no meu medo
esboça seu sentido
tudo isso. Eu
& isto é
movimento, aparição de pássaros
expressão, tudo se move
como eu
nada de nuvem, névoa, nem tristeza
você, eu
& expede
de certo modo todo o
restabelece meu equilíbrio
torna-se razão
eu estava pensando
em quartos, co-habitando

& my friends
around
I always
the continual problem
of having done 'this'
seems to just
be, yet
telling you
wakes me.

***

& the tea cup
aerates
to the clicking radiator
"all pseudo-breaths"
smile, in perfect
nervous energy
of the recognition, obelisks
that blankly
fill our
pockets)
stencils of misprision
sharpen, convexly
& promised
sticks
as if
it, in that

& meus amigos
por perto
eu sempre
o problema constante
de ter feito 'isso'
parece simplesmente
existir, mas
contar a você
me faz despertar.

***

& a xícara de chá
areja
aos estalidos do radiador
"todas as pseudo-respirações"
sorriem, em perfeita
energia nervosa
do reconhecimento, obeliscos
que sem ornatos
enchem nossos
bolsos)
estêncil de conivência
afia, de modo convexo
& prometido
finca
como se
isso, dessa

way (person
saw that
there, I
kept (& yet
seemed, it became
so
persons to
(enough
fixed, immobile
am here
at an
know (especially
with. Somehow
above that
come. In this
which pulls
& say whatever, without
as now
for me, it makes
pale
"what has
in me
sunny, clear
loose & even
rusty
chatting, "please
to put on a
(as you say

forma (pessoa
visse que
ali, eu
guardasse (& ainda assim
parecesse, se tornasse
então
pessoas para
(suficiente
fixo, imóvel
estou aqui
em um
saber (especialmente
com. De alguma forma
acima disso
vem. Nisso
que puxa
& diz qualquer coisa, sem
como agora
para mim, torna
pálido
"o que tem
em mim
ensolarado, claro
solto & uniforme
enferrujado
conversando, "por favor
vestir uma
(como você diz

good appearance
lonely & scared
but see under
(since
this, then
best as can
which is, so
"words, ashes"
meetings, beings
time–(all
in this, only
saying it, that
emptiness, dragged
the distance
sounded sad
an aberration
vanished
by looming
powerless. (At
front (i.e. your
as if I
out (an
weight, which
it then becomes
you?) you certainly
as much because
note, saw
& me off

boa aparência
solitário & assustado
mas veja sob
(desde
isto, então
o melhor que puder
que é, por isso
"palavras, cinzas"
encontros, seres
tempo – (tudo
nisto, somente
dizendo-o, que
vazia, arrastada
a distância
parecia triste
uma aberração
desaparecida
ao assomar
impotente. (Na
fachada (i.e., seu
como se eu
fora (um
peso, que
então se torna
você?) você certamente
tanto quanto porque
nota, serra
& a mim fora

there–but
talked of
now (just
fuzzy
days, &
remembering
feeling that placelessness
all around
personalities, friends, a place to live
I think we
anyway
measure of
other. You
mean–that is
want
(at least
some physical (ie present
aspect to it
visits, sometimes
see, touch, taste
is, with
eyes) desires
what they must feel
& not let
intensely, deeply
"too chill to spell"
be held
primarily

ali – mas
falava de
agora (simplesmente
imprecisos
os dias &
lembrando
sentindo essa falta de lugar
por todos os lados
personalidades, amigos, um lugar para viver
penso que nós
de qualquer forma
medida do
outro. Você
quer dizer – que é
querer
(ao menos
algo de físico (i.e., presente
no aspecto da coisa
visita, às vezes
vê, toca, saboreia
é, com
olhos) deseja
o que devem sentir
& não se deixar
intensamente, profundamente
"frio demais para soletrar"
segurar
sobretudo

a kind of strength
frightens
one for each moment
conviction (don't
luminance, brilliance
–you can't deny it–
come
before I go crazy
of objects
where, here, in this
suddenly stands erect
with wanting
is the 'there'
rejection, love
it
by its nature
asserts
it sees
as fork a fork
& a bully
completely)–in other words:
a strange moment
& try to get inside that
(you can't completely
to take seriously
(sensationally, ironically
& pick up dish & chair
& through all of it

um tipo de força
amedronta
um para cada momento
convicção (não
luz, brilho
– você não pode negá-lo –
venha
antes que eu enlouqueça
de objetos
onde, aqui, neste
de repente fica ereto
com desejo
é o 'lá'
rejeição, amor
isso
por sua natureza
afirma
vê
como garfo um garfo
& um valentão
completamente) – em outras palavras:
um momento estranho
& tenta entrar nesse
(você não pode completamente
levar a sério
(sensacionalmente, ironicamente
& escolha prato & cadeira
& do começo ao fim

miss you
only that
but not quite
(I know sometime
you will explain, it's
to break
through this
& show how
it's happening
in each phrase
that I
can't hold you
look, in your
eyes, even
& my fantasy always is
but
if I could
would have no words
& yet sometimes
it seems
(I'm not saying
for me either
& beside that
coming, dealing
clinging, wondering
I just wish
sometimes
that we all

sinto sua falta
só que
mas não exatamente
(sei que em algum momento
você vai dizer, é
para passar
através disso
& mostrar como
está acontecendo
em cada frase
que eu
não consigo segurar você
veja, em seus
olhos, até mesmo
& minha fantasia sempre é
mas
se eu pudesse
não teria palavras
& ainda assim às vezes
parece que
(não estou dizendo
para que eu tampouco
& além de
vir, lidar
apegar-se, perguntar-se
só desejo
às vezes
que todos nós

don't have to be
so caught up
yet, what, cut
out all this
confusion, complication
& really, what
is it
projection scares me
(simplicity
undisrupted, as if
need, that thing
"like they will
hurt so much
turn, & recalling
to satisfy
draw in, so
inside
belonging, & not
wanting
(I look everyday
as if the actuality
mythological, conceptual
taken just as that
cuts, edged
to get
at it
as much & more
this misses–

não tenhamos de ficar
tão cativados
mas, o que, elimine
toda essa
confusão, complicação
& realmente, o que
é isso
projeção me assusta
(simplicidade
íntegra, como se
necessidade, essa coisa
"como eles vão
magoar tanto
volta, & lembrando
para satisfazer
inspire, para que
dentro
pertencer, & não
querer
(olho todos os dias
como se a realidade
mitológica, conceitual
entendida exatamente assim
cortes, afiado
para chegar
lá
tanto & mais
isso deixa passar –

as whiff of air
shocks the senses, remembering
what it was
submerged
as that
enclosed, anxious
contemplation of
what, with

como sopro de ar
choca os sentidos, lembrando
o que foi
submerso
como essa
contida, aflita
contemplação do
que, com

Tradução: Régis Bonvicino e Maria do Carmo Zanini

Off season

The numerous
                         psyche, the curtains
           glowing elegantly in the wind, the fromage all worn
         each day, hills more tiring than
(the)
                       next mirror. A clasp
                           "which you have
                               [used so many
    times before", to erase that a
                 without in any sense an
       angry hearted
which at any other time might
             demand to be, look at–
        might as well (any, seems)
   month passing without the *chauffage* that
                   quando, por favor,
                      [*presto*
   & taking several wraparounds out his pocket,
Or that chill inside that makes you want to HE
     SAYS RETURN THE SWANS begins
   around the fire with your feet bandaged, chat–
while the snow slowly turns into a monastic simper,

Baixa estação

A numerosa
    psique, as cortinas
   reluzindo elegantemente ao vento, o *fromage* todo caído
    cada dia, colinas mais cansativas do que
(o)
     próximo espelho. Um broche
      "que você usou
        [tantas
vezes antes", para apagar um
    sem em qualquer sentido um
   coração irado
que em qualquer outra época poderia
    exigir ser, veja –
   poderia também (qualquer, parece)
  mês passando sem o *chauffage* que
      quando, por favor, presto
 & tirando vários invólucros de sua sacola,
Ou aquele calafrio no âmago que faz você querer ELE
   DIZ TRAGA O CISNE DE NOVO começa
 ao redor do fogo com seus pés enfaixados, conversa fiada –
enquanto a neve lentamente se transforma em monástico
      [sorriso afetado,

                    the simplicities of a sudden
                                        expire. Without
            notice everyone starts acting differently, loud
                            screeching sounds
                                            shock, when you
                habits
                                is abandoned
the light switch
                                        mark carefully
            else much is
                    (tubular, don't let
replaces as cheeks, squares, domino patterns
                                lights, surfaces
                        or a continual grinding on the mirror, says
                        "no, prego" & doesn't stop short at,
                                            [meticulously
                        pressing the lines between the
                                            [apprehensions,
                                                the
who at various times were compelled
                            helpsperson
                                regal, pompous,
        which is regarded at various times from
        different porticoes, which anyway might look
        different as the time changes, the leaves turn

        as simplicidades de um repentino
                        expirar. Sem
   aviso todos começam a agir de forma diferente, altas
        freadas bruscas
                choque, quando você
 hábitos
         está abandonado
o interruptor de luz
              marque cuidadosamente
  muito mais é
    (tubular, não deixe
substitui como máscaras, quadrados, luzes de um jogo
              cruzado, superfícies
      ou um contínuo ranger no espelho, diz
     "não, prego" & não se contém,
                [meticulosamente
     pressionando as linhas entre as
                    [apreensões,
                           o
quem em muitas oportunidades foi obrigado
               poisnãooquedeseja
                  régio, pomposo,
  considerado muitas vezes de
  diferentes pórticos, de qualquer jeito pode parecer
  diferente à medida que o tempo muda, as folhas
                      [sc tornam

umber, the blooms fade. ...at least
the consolation in the "simple fact" of the
next sight, the water drained from its various
receptacle. So you take the tram as
far as–

                ingots, interstellar
As the Alaskan coolies gently fold up their
     sheets, the whiteness blowing radially
against the crisp tones of the night's
               chill. Already
        thousands of Moroccans
                    are crowding the
                          [corridors
      but
                better not be
                       [bothered
    with two circular bulbs on either side
            clay which was
                  [sandblasted away,
             revealing genuine articles
                           [of
      previous moments
             in step formations, comparable
          (aerially encoded, resuscitate,
                      armlessly

castanho-amarelas, as flores desbotam... ao menos,
o consolo no "simples fato" de um
próximo olhar, a água drenada de seus vários
receptáculos. Então você pega o trem
até –
           lingotes, interestelar
Enquanto os assalariados do Alasca dobram suavemente seus
    lençóis, a brancura chocando-se radial
contra os crispados tons
           da noite fria.
      Milhares de marroquinos já
                 estão lotando os
                      [corredores
      mas
               melhor não se
                      [aborrecer
com duas luzes circulares de cada lado
            argila que foi removida
                [com jato de areia,
           revelando verdadeiros
                    [artigos de
momentos anteriores
      degraus, degraus, comparável
(codificado aereamente, ressuscita,
                sem braço

                              is very radiantly
                        but here's, *here's*
                              stomach pump,
                                [metal detector
                    mirroring the precise manners his father
                              used or was fed up
                                    "out the
                                        [corridor"
                        as detection is tested,
                                    musculature–
        at very much times on the intake, a
                              gets, whichs
                        who sinks into (now
                imitations of morality, an
                                        evasions of
                                          [space
                  color, line of mouth, overall aeration
                              who used to be out at
                        homes, planets
                                    according to the
                                          [practice of
                              sideswipe
            now known under several international

está muito radiantemente
mas eis, *eis*
lavagem estomacal,
[detector de metais
espelhando os modos precisos que seu pai
usava ou estava entediado
"fora do
[corredor"
enquanto o metal é testado,
musculatura –
em muitas, muitas vezes ao adquirir, alguém
consegue, quais
quem afunda em (agora
réplicas de moralidade, uma
evasões de
[espaço
cor, linha da boca, arejamento geral
que costumava estar fora em
casas, planetas
de acordo com a
[prática de
bater de lado
conhecido agora em nível internacional

                        A resplendent regression
              possibly autoclave, Kleenex
                                broken articulation
                                            [of wrist
                    bend, branched
                        which does not return
        though you
                        which "all the memory in the
                                            [world"
                carries along with it
                                    makes plain the
                    simple desire for — — —
                            or respite from
                    its, location
                                which at this very
                                            [moment

                    Um regresso resplandecente
          possível autoclave, Kleenex
                         pulso luxado
               recurvar em ramos
                    que não voltam
embora você
               que "toda memória do mundo"
     carrega dentro
                         torna claro o
          simples desejo de —— ——
                    ou descanso, de
          seu, estar
                    que nesse exato
                              [momento

               Tradução: Régis Bonvicino

The blue divide

An almost entire, eerie silence floats above and between the fixtures that separate me from the doorstop. Slight rattle, rolling, scratches the space just behind me, which is helpful, if not necessary, to cast the reflections and echoes in just the way I'm accustomed. A table and window frame sit just ahead, to the side of the walls and corners, slat wood flooring, shelves, the tar-blacked driveway and terraced approach roads. A person waits in a boat about an hour away, floating in totally occasional manner. Stripped of its wood, unparalleled in respect to its riveting and displaced glare, incised by its dimensions, I feel the slight pang of an earlier sensation which rapidly switches in succession to images harder to identify at first, postcard sized shapes, rolling vertices. The sounds are pervasive and only from time to time increase in loudness which looks almost as if it were a tear or rip in the otherwise unbroken intensity. Bits of fabric – plaid, striped, glyphic – hang from fan gliders about 20 feet above and to the side arced formations of smoke languidly drift this way and that. Several hours pass the mood indiscernibly shifting to less substantive pleasures, the hallway rotating airily to the tempo of unforeseen reverberations. A small coterie remains behind to see that the ship departs smoothly, counting their change with an alternating frenzy and tedium. You ask for the lighter but remain seated, seem to recollect what you refused to say, purse your lips and, with a forlorn look, lapse back

O divisor azul

Um silêncio assustador quase total flutua acima de e entre os acessórios que me separam do aparador de porta. Leve estrépito, vibração, arranha-se o espaço logo atrás de mim, o que é útil, e necessário, para projetar os reflexos e ecos exatamente do jeito que estou acostumado. A mesa e moldura de janela estão logo adiante, ao lado das paredes e cantos, soalho de ripa, estantes, a entrada da garagem preta de alcatrão e vias de acesso com plataformas. Uma pessoa espera num barco a uma hora de distância, flutuando de maneira completamente casual. Despido de seu casco, sem igual com relação a seu brilho cativante e deslocado, entalhado por suas dimensões, sinto a leve aflição de um sentido anterior que rapidamente muda em seqüência para imagens mais difíceis de identificar em princípio, formas do tamanho de postais, vértices ondulados. Os sons onipresentes só de vez em quando aumentam em volume o que dá a impressão de ser um rasgo ou ruptura na intensidade até agora intacta. Pedaços de tecido – xadrez, listrado, glífico – pendem de ventiladores cerca de 20 pés acima e ao lado formações arqueadas de fumaça são languidamente carregadas em direções diferentes. Várias horas passam o humor mudando imperceptivelmente para prazeres menos importantes, o corredor rodando levemente no ritmo de reverberações imprevistas. Uma pequena turma fica para trás para ter certeza de que o navio vai partir sem problemas, contando o troco alternando exaltação e tédio.

into thought, then begin to make suggestions for lunch. A fly makes its path spiraling over the campsite, arching toward the partially lit skylight and barraging full throttle into the screen. Men in blue suits and brown hats hurry over to the table and unpack their cases, gesticulating animatedly with their feet and hands. A tall, thin boy with grey callow eyes stares across the walk with forced attention, rubbing his legs and scratching his head, finally sinking into a dull, dejected slump which nonetheless gives the impression of greater ease. Barrels of fruit, uncovered and ageing, fill the area with a distracting odor, the inevitable subject of recurring fantasies for civic improvement. Tendrils, assimilated into the background glare, announce with glum resignation "far better for those with lighter hearts" imminent departure. Blocked, buoyed, incessant, I take for the elevator, dash quickly to the folded bed clothing – you angling loosely toward the courtyard, suffused with contentiousness. After a long walk we return to an almost identical place – the mat on the one side, the hobby horse on another. Paralyzed by the smoke, dazed by the duplicity, an earnest but elderly gentleman hobbles somewhere along the periphery, stooping, circling, tumbling, gliding while making his way to an adjacent watering hole. Not so nimble or quick-witted, the pool attendants make a final resolution to shore up their energies and make a clean break of it. By now the helicopter is annoyingly late and a considerable queue is backed up to the presenting section, obtrusively disrupting the ordinary course of commerce. I get on the megaphone and make these several points but the indifference turning to

Você pede o isqueiro mas permanece sentado, parece se lembrar do que se recusou a dizer, morde os lábios e, com um olhar desesperançado, volta a ficar pensativo, então começa a fazer sugestões para o almoço. A mosca traça sua trajetória espiralando sobre o acampamento, arqueando em direção à clarabóia parcialmente iluminada e atirando-se a toda velocidade contra a tela. Homens de ternos azuis e chapéus marrons correm para a mesa e desfazem suas malas, gesticulando animadamente com pés e mãos. Um menino alto e magro com olhos cinzas imaturos fita o outro lado do passeio com atenção forçada, esfregando as pernas e coçando a cabeça, afundando por fim num débil desânimo de ombros caídos que no entanto dá a impressão de maior desenvoltura. Barris de frutas, descobertas e passadas, enchem a área com um cheiro perturbador, o inevitável assunto das fantasias recorrentes de melhorias urbanas. Gavinhas, incorporadas ao brilho de fundo, anunciam em sombrio tom resignado "muito melhor para os de coração desoprimido" partida iminente. Bloqueado, animado, incessante, me dirijo ao elevador, corro rapidamente para a roupa de cama dobrada – você se movendo vagamente para o pátio, dominado pela contenção. Após uma longa caminhada voltamos a um lugar praticamente idêntico – o capacho de um lado, o cavalo de pau de outro. Paralisado pela fumaça, atordoado pela duplicidade, um austero mas idoso cavalheiro manca em algum lugar na periferia, curvando-se, andando em círculo, tropeçando, deslizando enquanto se encaminha para um boteco próximo. Não tão ágeis ou espertos, os funcionários da piscina

scorn of the onlookers is too uncomfortable and I turn to a medley of disconnected hits. You look so quiet there it seems a shame to disturb you, eyes lolling about to their own tune of distraction. The icy slope curves beyond reach, careless of index and anticipation.

finalmente decidem roborar suas energias e se livrar de vez da coisa. Agora o helicóptero está irritantemente atrasado e uma fila considerável está encostada na apresentação, atrapalhando indiscretamente o curso normal do comércio. Eu pego o megafone e expresso várias opiniões mas a indiferença dos espectadores se transformando em desdém é muito desconfortável e começo a tocar um *medley* de sucessos desconexos. Você parece tão calmo aí que acho uma pena perturbá-lo, os olhos desbotam ao ritmo da própria melodia delirante. A encosta escorregadia faz a curva além do alcance, indiferente ao índice e à antecipação.

Tradução: Régis Bonvicino e Maria do Carmo Zanini

[De "Micmac Mall (Sunset at Inverness)"]

error of
incident:
betrayal
of unessential

erro do
incidente:
traição
do excedente

Tradução: Régis Bonvicino

The years as swatches

Voice seems
to break
over these
short lines
cracking or
setting loose.
I see a word
& it repeats
itself as
your location
overt becalm
that neither
binds nor furnishes:
articles of
cancelled
port
in which I
see you
&
changed by the
mood
return to
sight of
our encounter.
My heart

Os anos como amostras

A voz parece
falhar
nestas
curtas linhas
rebentando-se ou
libertando-se.
Vejo uma palavra
& ela se repete
como
tua localização
calmaria patente
que não
une nem supre:
artigos de
porto
cancelado
no qual eu
te vejo
&
mudado pelo
humor
retorno à
visão de
nosso encontro.
Meu coração

cleaves
in twos
always
to this
promise
that we
had known but
have forgotten
along the way.
Maze of chaliced
gleam a
menace in
the eyes
clearing
once again.
Gravity's loss:
weight of
hazard's probity
remaindered
on the lawn's
intransigent
green.
Funds deplete
the deeper
fund within
us lode no
one has
found.

se divide
em pares
sempre
para essa
promessa
que
conhecíamos e
esquecemos
pelo caminho.
Labirinto de luz
caliciada
ameaça nos
olhos
se dissipando
novamente.
Perda da gravidade:
peso da
integridade do risco
saldado
no verde
intransigente
da grama.
Os fundos esgotam
o lastro
mais profundo em
nosso íntimo filão que
ninguém
encontrou.

And yet
as if, when all–
should current
flood its
days
& self
renounce
in concomitant
polity.

E ante tudo isso
como se, quando tudo...
se a corrente
inundar seus
dias
& auto
renunciar
em Estado
concomitante.

Tradução: Régis Bonvicino e Maria do Carmo Zanini

"The order of a room"

The order of a room.
    Of rows of spoons.
  A shifting.

$$autotelic$$

(hypostatization of space, the relations detemporalized)

    a geometric order
    an cosmetic order
      a temporal order
    public order

          state ⟵⟶ process

    Ordering of a meal.
  Of a hammer & boards & nails.
The ordering of a segment, or means. Of a slight.

        Occurrence of distance scales.

Idea of explaining the visible world by a postulated invisible world.

    I order the space by the cordoning
    of the _____, by the bluing of
    _____, by the capaciousness of a
    bleating, the pander of intention.

"A ordem de um quarto"

A ordem de um quarto.
 De fileiras de colheres.
  Uma mudança.

$$autotélica$$
(hipóstase do espaço, as relações destemporalizadas)

  uma ordem geométrica
   uma ordem cosmética
    uma ordem temporal
  ordem pública

      estado ◄──────► processo

   Ordem para vir uma refeição.
    & um martelo & tábuas & pregos.
 A ordem de um segmento, ou meios. De uma desfeita.

     Ocorrência de escalas de distância.

A idéia de explicar o mundo visível com um suposto mundo invisível.

   Ordeno o espaço isolando com cordão
   o _____, tingindo de azul o
   _____, com a vastidão de um
   balido, a prostituição do intento.

                                          E
                                          U
as peg on which to hang   D
                                          O
                                          X
                                          U
                                          S
the orderliness of letters   a gloom of shellac
of the gravity of the fog

    "There are some solid facts that are indisputable."

                          the ordering of a lemon
                                      a pear
                    a translucence. the orderliness
                              of a failing.

Hdt. 1.65; *Hdt.* 1.99; *Thuc.* 4.76; *Clearchus* 3; *Aesth. Per.* 400; *Eur. Tro.* 801; *Arist. Nub.* 914; *Xen. Cyr.* 6.4.3.; *Soph.* 726D; *Aesth. Ag.* 521; *Il.* 10.472; *Hes. Op.* 76; *Thuc.* 3.108; *Phys.* 24.13; *Od.* 8.179.

        The border of a square, of
            pineapple, of a gap among.
          The bordering of a forgetfulness.

                  He says that it is neither water nor
                  any other of the so-called elements,
                  but some other *aperion* nature,
                  from which come into being all the
                  heavens and the worlds in them.

                                    E
                                    U
como cabide onde pendurar   D
                                    O
                                    X
                                    O
o arranjo perfeito das letras   uma sombra de verniz
da gravidade do nevoeiro

"Certos fatos concretos são indiscutíveis."

                    a ordem de um limão
                        uma pêra
          uma translucidez. o arranjo perfeito
                  de um deslize.

Hdt. 1.65; Hdt. 1.99; Thuc. 4.76; Clearchus 3; Aesth. Per. 400; Eur. Tro. 801; Arist. Nub. 914; Xen. Cyr. 6.4.3.; Soph. 726D; Aesth. Ag. 521; Il. 10.472; Hes. Op. 76; Thuc. 3.108; Phys. 24.13; Od. 8.179.

    A margem de um quadrado, de
        abacaxi, de uma falha em meio a.
      A borda de um esquecimento.

              Ele diz que não é água nem
              qualquer outro dos chamados elementos,
              mas uma outra natureza *ápeiron*,
              da qual provêm todos os
              céus e os mundos interiores.

the substance of this dispute

  an order of gasping ^{a}t h$_a$n$_d$
  an order in binding
    an order in stiffness

          gEOmEtry
          rEgArdEd
          As
          ImmAnEnt

    I order an 'f'.
   I order a staple.
     I order a whale.
    I order a Mozambique sombrero.
    I order a polka.
     I order a patter.
     I order an Cadillac.

Pontification & quantifier.

      Sand. Apricots.

  The proportioning of roosters, hemmed, single & underlying. An odor of craws. Pertinence. Faded links. Crib apples.

a substância desta discussão

                                                                     à $m_{\tilde{a}_o}$

uma ordem de arfar
  uma ordem na união
    uma ordem na rigidez

                                                                geOmEtrIA
                                                                      vIstA
                                                                      cOmO
                                                                  ImAnEntE

Eu ordeno que venha um 'f'.
Eu ordeno que venha um grampo.
  Eu ordeno que venha uma baleia.
  Eu ordeno que venha um sombreiro moçambicano.
    Eu ordeno que venha uma polca.
      Eu ordeno que venha um tropel.
      Eu ordeno que venha um Cadillac.

Pontificação & quantificador.

                                Areia.   Damascos.

O ato de proporcionalizar os galos, confinados, únicos & subjacentes. Um odor de buchos. Pertinência. Elos perdidos. Maçãs de manjedoura.

The Fabric of the Heavens

A perspicuity of blushesse.

                    Peculiar
               of function
              mathematics
         "... as though"

    an harmonious   a chocolatey   an inhuman
   an whimsical   a digressive   a synchronic
     a resplendent   clotted, elusive   a malignant

Disappearance of the ——: the world no longer conceived of as united by its immanent structure, a universe in which change is reduced to relations among *flux* and *logos* – there are some who call it *indifference* – components straining to adapt to one another, fighting each other, coming apart, a periodicity in phenomena alone insufficient to generate a visual differentiation of the various *archai* as well as their ultimate collection into a single layered structure.

wall in wall out

               The order of a bale of wire.

A Estrutura dos Céus

Uma perspicuidade de *blushesse*.

                         E$_{str_{a_{nh}}}$ a
               d $_a$ ^{f} u n$_ç$ ã o
          m $_a$ $_t$ ^{e} m á t i c$_a$
"… como se"

um harmônico	um chocolatado	um desumano
um extravagante	um digressivo	um sincrônico
um esplêndido	grumoso, evasivo	um maligno

Desaparecimento do ——: o mundo não mais
concebido como se unido por sua estrutura imanente,
um universo no qual a mudança está reduzida a relações
em meio a *fluxo* e *lógos* – alguns a chamam de
indiferença – componentes empenhados em se adaptar
uns aos outros, brigando entre si, dividindo-se, uma
freqüência fenomênica insuficiente para
gerar uma diferenciação visual dos vários
archai bem como sua reunião definitiva numa
única estrutura em camadas.

parede entra parede sai

        A ordem de um fardo de arame.

            Tradução: Régis Bonvicino e Maria do Carmo Zanini

Sonata for unaccomplished cello by Susan Bee*

rum
paino
boboe
celbo
vice
basset
boule bass
cellop
rumpet
harpsichjord
oopera

darps de ballet
clute
woloist
flue
conduster
saxopone
dymphony
flits
viola da bamba
composted
Engkish horn

* Nona parte de "A person is not an entity symbolic but the divine incarnate".

Sonata para violoncelo inepto, de Susan Bee

aixa
paino
boboé
celbo
saxozone
contra beijo
cellop
rompete
clavesigno
úpera

carpa de balé
clauta
uolista
flauto
baixote
dinfonia
virtuose
viola da bamba
compostado
corne inclês

Tradução: Régis Bonvicino e Maria do Carmo Zanini

Use no flukes

Close to stand
Glitter with edge
Clouds, what's, but
Weather of devoid
Uses unwrapping
Lower the second
Gravity for allowing, but
Slowly, as if
Backward, falling
Folded

Não use acasos

Perto de erguer
Brilho com fímbrias
Nuvens, o que é, mas
Tempo desprovido
Usos desdobrados
Mais baixo o segundo
Gravidade para permitir, mas
Lentamente, como se
Para trás, caindo
Dobrado

Tradução: Régis Bonvicino

September

colors fix
and patch
moving against
speculative masonry
far off
the sound of
memory obsessive
mouthing of
other things
subdued into
feather padding
resilient
matter of rest
sluggish and calm
presentiment unearthed
riding in boats
or tubes without
buttons inverse
denouncing of roofed
things men
without feet
amending for
lateness
expansive unswayed

Setembro

cores restauram
e remendam
movendo-se contra
parede especulativa
muito longe do
som de
memória obsessiva
sussurrando
outras coisas
subjugada ao
enfiar penas
dura
questão de descanso
indolente e calmo
pressentimento desenterrado
andando em barcos
ou em tubos sem
botões para reverso
denúncia de coisas
ocultas os homens
sem pés
emenda para
tardio
expansivo quieto

Tradução: Régis Bonvicino

Railroad Street

There are days
that jar the inseams
of even the most
well-worn plans

to abridge
what radiantly
rustles without
advise of

procured insulation
or when ready to
upstage motion
while substitutes

are harder & harder
to disperse. I
've had this
thought too

many times to
anticipate what it
means, yet lurches
have a way with

Rua da Ferrovia

Há dias
que abalam as suturas internas
até mesmo dos planos
mais batidos

para resumir
o que radiantemente
roça sem
o conselho de

insulação conquistada
ou quando pronta para
movimento no fundo do palco
enquanto substitutos

são mais & mais difíceis
de dispersar. Também
pensei
nisso

muitas vezes para
prever o que ele
significa no entanto os trancos
divisam um caminho com as

words, stored
or sorted to
defray subsequent
increase.

palavras, dadas ou
guardadas para
custear o aumento
seguinte.

Tradução: Régis Bonvicino e Maria do Carmo Zanini

The kiwi bird in the kiwi tree

I want no paradise only to be
drenched in the downpour of words, fecund
with tropicality. Fundament be-
yond relation, less 'real' than made, as arms
surround a baby's gurgling: encir-
cling mesh pronounces its promise (not bars
that pinion, notes that ply). The tailor tells
of other tolls, the seam that binds, the trim,
the waste. & having spelled these names, move on
to toys or talcums, skates & scores. Only
the imaginary is real – not trumps
beclouding the mind's acrobatic vers-
ions. The first fact is the social body,
one from another, nor needs no other.

O quivi no quiuí

Não quero paraíso só para me
encharcar na tempestade de palavras, fecunda
de tropicalidade. Fundamento ser-
vil da relação, menos 'real' que feito, como braços
que cingem sílabas de um bebê: trama que en-
canta, pronuncia sua promessa (nada de barras
que prendem, notas que pregam). O alfaiate fala
de outros fretes, a costura que une, a alfaia,
a estopa. & tendo soletrado esses nomes, passe
a tetéias e talcos, patins & placares. Só
o imaginário é real – nada de trunfos
servindo às versões plúmbeas e acrobáticas da
mente. O primeiro fato é o corpo social,
um a partir do outro, nem necessita outro.

Tradução: Régis Bonvicino e Maria do Carmo Zanini

The poet from another planet

So they drove
& night
becoming day became

a knife numb
and gray &
the all-toothed

allocation climbed into
the realm of
the beautiful and

lime. Thus aimless
it becomes painless
the genetic substrate

that courses remorses
and bids goodbye
to the anonymous

dispersion. A general
economy as if
to pray that

O poeta de outro planeta

Então guiavam
& noite
tornando-se dia tornou-se

faca cega
e cinza &
toda afiada

o ponto se ascendeu ao
campo do
sublime e

limão. E sem propósito
torna-se indolor
o substrato genético

que amaldiçoa remorsos
e dá adeus
à anônima

dispersão. Uma economia
geral como se
a pedir que

half a loaf
would be not
so good as

no loaf (half
a boast not
so good as

no boast). Restive
without rest, anxious
without anxiety. So

many fears, none
real. There's a
vision but there'll

never be a
visitation.

metade em pão
não fosse
tão bom quanto

nenhum pão (metade
mentira não
tão bom quanto

mentira). Descansado
sem descanso, ansioso
sem ansiedade. Tantos

medos, nenhum
real. Há uma
visão

nunca uma
aparição.

Tradução: Régis Bonvicino

Liftjar agate

1 "I hate that you blame me For
2 the things I do wrong" A pear
3 would go to heaven As easily as
4 a blade of grass Would sing your
5 song. But the notice, she is given
6 The Sway outlasts the throng In the
7 nabbing there's More to pay Than circuits
8 in a barn. You know that time,
9 years ago If chance allots recall, The
10 bluff fell down You fussed, I frowned

11 But where those yesterdays In the
12 musty torpors of Tomorrows? Green glides
13 the fence Red knows the door
14 A switch is heavier When the
15 bolting soars. A foxy boy a
16 fool becomes When manner glides &
17 Furor's none. Forsake the swaddle, curdle
18 the door You'll still be a
19 version When yearnings link In thrall.

Portajan ágata

1 "Odeio quando me culpa Pelas
2 coisas erradas que faço" Uma pêra
3 iria para o céu Tão fácil quanto
4 uma folha de grama Cantaria sua
5 canção. Mas o aviso, ela recebe
6 O Balanço resiste à turba Na
7 captura há Mais para pagar Do que circuitos
8 numa tulha. Você sabe aquela vez,
9 anos atrás Se acaso divide o vivido, O
10 blefe caiu Você se inquietou, eu fechei a cara

11 Mas onde os ontens Nos
12 torpores mofados dos Amanhãs? O verde resvala
13 pela cerca O vermelho conhece a porta
14 A chave é mais pesada Quando o
15 ferrolho bate asas. Um garoto astuto um
16 tolo se torna Quando os modos resvalam &
17 furor nenhum. Largue o cueiro,
18 aporte lenha à porta Você ainda vai ser
19 um modelo. Quando anelos revelam-se servos.

Tradução: Régis Bonvicino

Distance learning

Caught at where the
peripalpitations
detain, as in a blender
bursts upon persons
unhinged by refraction
where going goes atumbling
fells
buckling bows
your tidal mill
o'ertains ensconced
tethers
at lilting ends
of frowning cuts
brokered at such
mumbling tirades

Aprendizado a distância

Pêgo onde as
peripalpitações
se guardam, como num liquidificador
precipitando-se sobre pessoas
desavindas por refração
onde o ir vai re-
caindo, colinas
emborcando arcos
sua moenda de marés
sobre certas cordas
ocultas
nos tons da fala
do franzir de cortes
negociados em tais
imprecações sussurradas

Tradução: Régis Bonvicino

your ad here

I counted seven
& when I
counted again
I got seven
again.
Go ahead and count
yourself–you'll still
get seven. You're
going to get
seven until you're
blue in the face
& while you're
worrying
you're likely to
lose your grip
on even those
seven.
But go ahead
& count–count
away.

anuncie aqui

Eu contei sete
& quando eu
contei de novo
de novo,
cheguei a sete.
Vá em frente e conte
por si – você ainda
vai chegar a sete até ficar
azul, na cara
& enquanto se
preocupa
você está perto de
perder a sede
daqueles mesmos
sete.
Mas vá em frente
& conte – conte
sempre.

Tradução: Régis Bonvicino

Up high down low too slow

Values like the butter on the table melting
before the memory of the butter on the table
melting: a ring around the four o'clock
shadow made with a horseless bark
and liltless sigh by an organ grinder
peering over the leaning tower formally known
as Pisa. Get a rocking chair and put
her sequence in it, tie it with the sting
of soot & smoke & kerosene, then
sucker punch all those blundered trusts
cuffed to the caboose of unreturnable
rebukes. A penny for a
paradise, a nickel for a ride, a
quarter for a roll of tens, a dollar
for the slides...

Toca aqui deixa que eu toco sozinho

Valores sabem a banha sobre a mesa derretendo
antes da memória da banha sobre a mesa
derretendo: o contorno de uma sombra de
barba feito de um relinchar de descavalo
e suspiro arritmado de um toca-realejo
que espia por cima da torre inclinada formalmente conhecida
como Pisa. Pegue uma cadeira de balanço e insira
nela uma seqüência, ate-a com ardência
de fuligem & fumaça & querosene, depois
do nada soque a cara dos cartéis disparatados
algemados ao carro-freio de reproches
irrestituíveis. Um centavo por um
paraíso, cinco por uma volta,
vinte e cinco por cinqüenta de dez, um dólar
pelas cotas...

Tradução: Régis Bonvicino e Maria do Carmo Zanini

Didn't we

Inch by inch, the paths breaking
into patches of blue and green

then black and brown, then
over the pass to the top of the

remotest interior, accustomed as
we are to torrential indifference

and beatific familiarity. "Look
up in the sky" – another ad for

vinyl tubing, pillow talk of
Whosits & Whatsits of Nob &

Kebob, Insley & Ufragious,
Ackabag & Boodalip. Bump right

along, pondering your song, while
roasting toast or grinding sand

or polishing the fabric softener
that stands between you and your

Não é mesmo?

Palmo a palmo, as trilhas se desfazem
em trechos de azul e verde

agora marrom e negro, agora
da garganta ao topo do

mais remoto interior, acostumados
como estamos à indiferença torrencial

e beatífica familiaridade: "Olhe
para o céu" – outro anúncio

de tubos de vinil, confidências
sobre Quens & Oquês, Nermes &

Kermes, Izin, Ultrarrante,
Aemiliah & Budalip. Vá aos solavancos,

adiante, ponderando sua canção, enquanto
assa a torrada ou esmaga o grão de areia

ou amacia o amaciante de tecido
que está entre você e você

self. It was in 1943 and then again
one more time. Beat bird without a

feather to call its own, a miser who
lives on a pile of mylar, the studio

with the view of the studio, my
eclectric blinker maker, strapped

in for take off. NO FLOATING
ALLOWED. As quiet as

the steps to indelible vanishing.

mesmo. Aconteceu em 1943 e depois
mais uma vez. Pássaro cansado sem uma

pluma que seja dele, um avarento
que vive numa película 100% poliéster, o estúdio

com vista para o estúdio, meu
piscadeador eclétrico, pronto

para decolar. É PROIBIDO
FLUTUAR. Tão quieto quanto

os passos do permanente desaparecimento

Tradução: Régis Bonvicino e Maria do Carmo Zanini

The folks who live on the hill

It's still the same old lorry.

                Astronaut
meets Mini-Me in a test tube in Rome,
Regis spurns Veronica, Merv buys casino,
goes to another season, but in the
previous year.

            The crab cakes were never
as fresh again but it continued to
pour even after the flood expired.

         Anyhow, spoilage is never as bad
as outright chicanery.

                Follow the
rules then go straight to the linen closet
for folding.

          For example, the cedar
chest on Pine street, or the thumb wrestle of
a misplaced mid-afternoon, competi-
tively anchored in java applets for
the price of a used backhoe.

O casal da colina

É ainda aquela velha escória.

                Astronauta
encontra Mini-Mim em proveta em Roma,
Régis despreza Verônica, Merv compra cassino,
fica mais uma temporada, só que no
ano passado.

          O cuscuz de siri nunca mais
foi tão fresco, mas continuou
o aguaceiro mesmo findo o dilúvio.

      Em todo caso, é melhor o estrago que
uma trama de chicanas.

            Siga as
regras e vá direto à roupa de cama
para ser dobrado.

        Por exemplo, a arca de
cedro na travessa do Pinho, ou a guerra de dedos
de um tardo meio de tarde, competitiva-
mente ancorado em *java applets* pelo
preço de uma escavadeira velha.

Hey!

What's the
use in a clothespin when you haven't got
even the idea of a line?

"And Darby
and Joe, who used to be Jack and Jill..."

Ei!

Para que serve um pregador quando não se tem nem idéia de varal?

"E Darby e Joe, que já foram Jack e Jill..."

Tradução: Maria do Carmo Zanini e Régis Bonvicino

One more for the road

Like comedy never strikes the same place
More than a couple of times unless you
Change costumes and dance with me, dance

Till the furniture turns to props and
All the mops are a chorus of never
Before heard improbabilities, honeyed alibis

For working too hard, mowing the Astroturf,
Cranking the permafrost, watering the microprocessors
On the kids' conveyor belts. *The bird never*

*Flies as high as an old-fashioned kick
In the carbonization.* – They gave me till
Friday to let them know if the job would

Ever be complete. We're getting there, just
Fall a little further behind by day
And after dark it's a mule's paradise.

O último trago

Tal qual a comédia não cai duas vezes
No mesmo lugar, a menos que você
Mude o figurino e dance comigo, dance

Até a mobília virar cenografia ao alcance
Os esfregões todos cantarem em coro
Improbabilidades surdas, álibis açucarados

Para o trabalho duro, aparando a grama sintética,
Perfurando o *permafrost*, regando os microprocessadores
Nas esteiras de transporte dos meninos. *O pássaro nunca*

Voa tão alto quanto um bom e velho pé
Na carbonização. – Deram-me até
Sexta para confirmar se terminaríamos ou não

O serviço. Estamos quase lá, é só
Atrasar um pouco mais durante o dia
E à noite desfrutar o paraíso das mulas.

Tradução: Maria do Carmo Zanini e Régis Bonvicino

In a restless world like this is

Not long ago, or maybe I dreamt it
Or made it up, or have suddenly lost
Track of its train in the hocus pocus
Of the dissolving days; no, if I bend
The turn around the corner, come at it
From all three sides at once, or bounce the ball
Against all manner of bleary-eyed fortune
Tellers – well, you can see for yourselves there's
Nothing up my sleeves, or notice even
Rocks occasionally break if enough
Pressure is applied. As far as you go
In one direction, all the further you'll
Have to go on before the way back has
Become totally indivisible.

Neste mundo agitado

Há pouco tempo, ou sonhei,
Talvez compus, súbito perdido
A trilha do trem no abracadabra
Dos dias dissipados; não, se fizer
A curva, dobrar a esquina, se atacá-la
De todos os lados, os três de uma vez, ou quicar a bola
Nos olhos, com pus, de todas as cartomantes –
Bem, como podem ver, não tenho
Nada na manga, ou reparem: ainda
A pedra dura por vezes fura quando a
Água bate, a fio. Quanto mais longe se vai
Numa direção, tanto mais longe se impõe
Seguir adiante antes que a volta
Termine de todo indivisível.

Tradução: Régis Bonvicino e Maria do Carmo Zanini

Stranger in paradise

"Call them clamdiggers if you like, but I'd
Say her pants shrunk or she just got real tall
All of a sudden." The bus came late, left

Early – when all our cares were theirs. Linger-
Ing by the gate of another fly swat,
Possum fry, lateral dodge. "My balloon

Is stuck and I need someone to get it
Down." As if the trees torched the sky and the
Boiler ran on lost facts. Depend upon

It, lest it depend on you, whom the sun
Has never touched nor the mist betrayed.
Turning tales into tokens the moment

The fire hydrant slides in safe at left
Field. Drunk with promiselessness, fat on tears.
Capris? Isn't that when whimsy gets lucky?

Um estranho no paraíso

"Pesca-siri coisa nenhuma, foram as
Calças que encolheram, ou então ela espichou
De repente." O ônibus chegou tarde, partiu

Cedo – e nossos zelos eram todos alheios. Re-
tido às vésperas de um novo piparote,
Xinxim de gambá, pulo-do-gato. "Meu balão

Tá preso lá em cima e eu queria que alguém fosse
Pegar." Como se folhas queimassem o céu e
Fatos mortos munissem a fornalha. Conta com

Isso, para que isso não conte contigo, a quem o sol
Nunca tocou e a bruma jamais traiu.
Tradução de contos em pontos no instante

Em que o hidrante entra livre na área pela linha
De fundo. Ébrio de despromessas, farto de lágrimas.
Capri? Não é só uma veneta metida a besta?

Tradução: Maria do Carmo Zanini

In particular

> "I admit that beauty inhales me but not that I inhale beauty." – Felix Bernstein

> "My lack of nothingness." – The genie in the candy store

A black man waiting at a bus stop
A white woman sitting on a stool
A Filippino eating a potato
A Mexican boy putting on shoes
A Hindu hiding in igloo
A fat girl in blue blouse
A Christian lady with toupee
A Chinese mother walking across a bridge
An Afghanastani eating pastrami
A provincial walking on the peninsula
A Eurasian boy on a cell phone
An Arab with umbrella
A Southerner taking off a backpack
An Italian detonating a land line
A barbarian with beret
A Lebanese guy in limousine
A Jew watering petunias
A Yugoslavian man at a hanging
A Sunni boy on scooter
A Floridian climbing a fountain

Em particular

"Admito que a beleza me inala, mas não que eu inale a beleza." – Felix Bernstein

"Minha falta de nada." – O gênio na confeitaria

Um homem negro esperando num ponto de ônibus
A mulher branca sentada num banco
Um filipino comendo batata
Um garoto mexicano colocando sapatos
Um hindu ocultando-se num iglu
Uma garota gorda de bata azul
Uma senhora católica de chinó
A mãe chinesa cruzando a ponte
Um afegão pastando pastrami
Um provinciano passeando na península
Um garoto eurasiano ao celular
Um árabe de sombrinha
Um sulista decolando a mochila
Um milanês detonando um GSE
Um bárbaro de boina
Um libanês numa limusine
Um judeu regando petúnias
Um iugoslavo num enforcamento
Um menino sunita num patinete
Um nativo da Flórida subindo uma fonte

A Beatnik writing a limerick
A Caucasian woman dreaming of indecision
A Puerto Rican child floating on a balloon
An Indian fellow gliding on three-wheeled bike
An Armenian rowing to Amenia
An Irish lad with scythe
A Bangladeshi muttering questions
A worker wading in puddles
A Japanese rollerblader fixing a blend
A Burmese tailor watching his trailer
An Idaho man getting a tan
A Quinnipiac girl with a bluesy drawl
An Arapahoe whaler skimming failure
An anorexic man with a remarkably deep tan
An adolescent Muslim writing terza rima
A Scots pipe fitter at the automat
A gay guy in tweed boat
A red man with green ball
A dyslexic sailor with an inconsolable grin
A Northumbrian flier heading for Tipperary
A Buddhist financier falling to ground
A curious old boy jumping into threshing machine
An Hispanic sergeant on lookout for a cream-colored coat
An addicted haberdasher eating soap
A Peruvian child chewing gum
A Sephardic infant on shuffleboard deck
A Mongolian imitating Napoleon
An anarchist lad with skewed glance

Um *beatnik* escrevendo um *limerick*
Uma caucasiana sonhando ao acaso
Uma criança porto-riquenha flutuando num balão
Um tipo indígena no topo de um triciclo
Um armênio remando até a América
Um irlandês com uma foice
Um bangladeshiano balbuciando perguntas
Um trabalhador amassando barro
Um esqueitista japonês consertando um ciborgue
O marinheiro de Myanmar mirando seu reboque
Um cara de Idaho pegando sol
A garota de Quinnipiac com fala triste e lenta
Um baleeiro arapaho acertando por um triz
Um anoréxico com uma cor inesquecível
Um adolescente muçulmano escrevendo em *terza rima*
Um encanador escocês comendo por quilo
Um garoto gay num barco xadrez
Um homem vermelho com uma bola verde
Um marinheiro disléxico com uma dor de verdade
Um avião inglês com destino à Irlanda
Um banqueiro budista caindo ao chão
Um ex-interno curioso na debulhadora
Um sargento hispânico de olho num casaco creme
Um alfaite drogado dragando a sopa
Um pivete massai mascando goma
Um infante sefardita no convés de *shuffleboard*
Um mongol imitando Napoleão
Um rapaz anarquista de olhar enviesado

A Latvian miner break dancing with the coroner
A poor girl eating apple pie and cream soda
A Sudanese fellow with a yellow stroller
An atheist with a flare for pins
A Bahamanian on the way to inordinate machination
A stuttering Iranian in blue and gold fog
A tell-tale somnambulist rehearsing *Gypsy*
A homosexual child in a taxi
A Wiccan matron swimming in glue
A Moravian procrastinator practicing jujitsu
A Syrian swami on Lake Oragami
A flirtatious gentleman spinning wool
A colored youngster admiring a toaster
A Danish designer in a diner
A Montenegrin taking Excedrin
A D.C. dervish dribbling dodecahedrons
A Denver doyen davenning defiantly
A Bali busboy getting high
An Iraqi contemplating hari- kari
An Ojibwa pushing a button on the Trans-Siberian
A harried officer somersaulting on banister
A moldy Whig directing catfish
An agoraphobic professor on cruise control
A feminist in a rocking chair
A Burmese cook in bobby socks
A teenager infiltrating an air mattress
A pro-choice guy reciting rimes
A dog-faced Finn in shining car

Um mineiro de Riga dançando *break* com a polícia
A menina pobre comendo torta de maçã com tubaína
Um camarada sudanês com um carrinho amarelo
Um ateu com uma paixão por broches
Um nativo das Bahamas em marcha para uma trama
Um iraniano gago no *fog* azul e dourado
Um sonâmbulo falante ensaiando *Gipsy*
Uma criança homossexual num táxi
A matrona Wicca nadando em Pritt
Um procrastinador moraviano praticando jiu-jítsu
Um sírio *swami* no Lago Oragami
Um cavalheiro galante num volteio sincero
Um jovem de cor admirando um tostador
Um *designer* dinamarquês num banquete
Um montenegrino tomando excedrin
Um dervixe de Washington pingando dodecaedros
Um decano de Denver rezando rebelde
Um garçom balinense queimando fumo
Um iraquiano contemplando um haraquiri
Um *ojibwa* apertando um botão na Transiberiana
Um soldado devastado saltando da balaustrada
Um patriota decadente apanhando um bagre
Um professor agoráfobo monitorado por tacógrafo
Uma feminista numa cadeira de balanço
Um cozinheiro birmanês de meias soquetes
Um adolescente se metendo num colchão de ar
Um defensor do aborto recitando rimas
Um finlandês com cara de cachorro polindo um Volvo

A Czech man in a check suit
A Pentecostal lawyer jogging in his foyer
A communist wearing a sad apron
A Canadian woman with a nose ring
A ghoulish girl dating a dentist
An idiot in a closet
A Moorish magician in her kitchen
A sorrowful soldier with a morose clothier
A dilettantish senior washing strictures
A socialite on routine imbroglio
A bicyclist hoarding hornets
A toddler pocketing the till
A hooded boy eating cheddar cheese
A balding brownnoser in tutu
A brunette chasing choo-choo train
An Argentine dancing on a dime
A bespeckled dowager installing Laplink
An australopithecine toddler grimacing in basement
A Nicaraguan pee-wee with preposterous pipe
A kike out cold on ice
A Hoosier off the booze
A swollen man with an impecunious grin
A Burmese fellow with face of terror
A lost poll in the forest
A dilapidated soul drinking rum
A pistolero with folded heart
A Shockwave momma hunkering down on puck
A vellobound baby two-facing the cha-cha

Um malinense com malas revistadas
Um advogado pentecostal correndo em seu *foyer*
Um comunista vestindo um avental cinza
Uma canadense com um anel no nariz
A moça medúsea namorando um namarino
Um idiota num *closet*
A mágica moura em sua cozinha
Um soldado acabado com um vendedor antipático
Um veterano diletante implantando estantes
Uma socialite num *imbroglio* de rotina
Um ciclista vendendo vespas
Um bebê de um ano embolsando a grana
Um garoto encapuzado comendo queijo *cheddar*
Um tiozão lambe-botas usando *tutu*
A morena perseguindo u-ú trem
Um argentino dançando na cabeça de um alfinete
Uma pensionista sardenta instalando um *Laplink*
Um australopitequinho careteando no porão
Um piá nicaraguense com um pito picaresco
Um marrano nocauteado na lona
Um abissínio abstêmio
Um balofo de sorriso despecuniado
Um amigo texano com a face hirta de terror
Uma votação perdida na floresta
Uma alma dilapidada bebendo rum
Um pistoleiro com coração de papel
Uma dona em Shockwave sacando uma bola de hóquei
Um bebê em Percalux enrolando o chachachá

A postcolonial fiduciary eating a plum
A maladroit Swede coughing bullets
A hexed Haitian on involuntary vacation
A Persian oncologist in metrical parking
A Peruvian French hornist sipping Pernod
A Terra Haute charmer with infinite capacity to harm her
A Mongolian chiropodist at a potluck
A São Paulo poet reflecting on deflection
A white man sitting on stool
A black woman waiting at bus stop

Um banqueiro pós-colonial comendo ameixas
Um sueco desastrado cuspindo balas
Uma haitiana embruxuleada em férias involuntárias
Um oncologista persa parado em zona azul
Um flautista franco-peruano tomando Pernod
Um conquistador do Idaho com a infinita capacidade de
[causar dor
Um pedicuro mongol num jantar americano
Um paulista traindo um nova-iorquino
Um homem branco sentado num banco
A mulher negra esperando o ônibus

Tradução: Régis Bonvicino e Maria do Carmo Zanini

"every lake..."

every lake has a house
& every house has a stove
& every stove has a pot
& every pot has a lid
& every lid has a handle
& every handle has a stem
& every stem has an edge
& every edge has a lining
& every lining has a margin
& every margin has a slit
& every slit has a slope
& every slope has a sum
& every sum has a factor
& every factor has a face
& every face has a thought
& every thought has a trap
& every trap has a door
& every door has a frame
& every frame has a roof
& every roof has a house
& every house has a lake

"toda casa..."

toda casa é de praia
& toda praia é de tombo
& todo tombo é de água
& toda água é de muro
& todo muro é de testa
& toda testa é de ferro
& todo ferro é de luva
& toda luva é de pele
& toda pele é de bicho
& todo bicho é de pé
& todo pé é de anjo
& todo anjo é de guarda
& toda guarda é de corpo
& todo corpo é de baile
& todo baile é de tina
& toda tina é de banho
& todo banho é de chuva
& toda chuva é de pedra
& toda pedra é de areia
& toda arcia é de praia
& toda praia é de casa

Tradução: Maria do Carmo Zanini

Sign under test

On an evening in June, alone with anxious mediations, reading by mobbed light, I come again, taste to taste, with my own self-inoculations.

Paying double but taking only half.

As swill becomes saunter.

The sky lies so the dirt can give the boot.

Then again, there are certain things I never understood, yet lately I find myself mesmerized by these blank spots. They have become the sign posts of my consciousness.

The old becomes new again when it arrives after whatever is recent and seems fresh. On the other hand, nothing is so old as that which comes after but seems as if it must have been from before.

It's so quiet you can hear the lint festering in the fog.

I'll give you a hand but only one.

Fighting fire with sugar to make pie while the hay dries in the oysterman's holiday.

Winter tears, summer shadows.

Poetry is patterned thought in search of unpatterned mind.

Love is the messenger not the message.

Till you get to the backside of where you began. Neither round robin nor oblong sparrow.

My faculties are impolitic.

But at least: for two dimes and a nickel you still get something like a quarter.

Sometimes a gust is just a gust.

The ghosts just left.

That still, small voice may not be the root of all evil but it's no innocent bystander either.

There's tackle in the tackle box.

How can you separate the breach from the brook, the branch from the book?

The haze doesn't obscure the view it makes it palpable.

It's not the absence in the presence but the presence in the absence.

When you go away there's no back to come back to.
All the addresses have changed and the locks have new combinations.

A husband returns home to find a burning cigar in his ashtray. He soon discovers a man in the broom closet. "What are you doing there?" –"Everybody's got to be somewhere."
[Henny Youngman]

Rabbi Eliza asks, "When is a Jew no longer a Jew?" –"When the book is closed."

The pit of the cherry is like the soul of a self-righteous man: when you find it, you want to spit it out.

The slips have become skirts.

The dove cannot find rest for the soul of its foot. Neither can I find peace in the inner worlds beside the nearby.

Inoperative nomenclature.

A series of hints without a question, a slew of clues without a crime.

Why did the turtle cross the road? – To find the chicken.

What you don't know's a far cry from what you do.

Desperately searching for a book that I don't even want to read.

"The world is everything that is the case." But the case is locked in the trunk of a stolen car.

Everything that happens is lost. Even what is recalled is lost in the recalling. Nonetheless, things go on happening.

Memory is to life like a band-aid to a wound.

A girl I once met told me her name rhymed with orange.

Did I just imagine that?

Complexity is a ten-letter word, like difficulty. There's moxie in complexity and tilt in difficulty but what difference does this make?

I'll give you ten minutes and if you don't come out I'll give you ten more minutes.

My cares turned to wares.

Simply stated, there's nothing to state.

It's not what you say that counts nor what you don't say but the relation.

He understated the price of the property to be sure he got less than it was worth. This was the only way he knew for the exchange to have value.

Give me a place to sit and I will look for a place to put up my feet.

TILT

Everything in the world exists in order to end up as an opera. An opera without music is what we call everyday life. Poetry is opera without the story, score, costumes, makeup, or staging. It's a libretto set to its own music. The reader is both the conductor and lead singer. The audience gathers at the unconscious. Tickets are sold only on the morning of the performance; students pay half but often stand. Unsatisfied customers may claim refunds for twice the cost of admission; these are paid directly by the poet.

"You've got a lot of moxie."

The "double silly" consists of making two complete turns with another person while walking in the street.

I've got my next few years of work mapped out for me: figuring out what to do over the next few years.

When you say baroque you're barking up the wrong tree, which suits me.

The station wagon stayed stationary at the station.

Stunned he put down his gun and started to run.

The Jew stops being the Jew when the movie's over.

No horizon on the horizon.

Going to sleep to continue the story.

Third eye hindsighted.

Making another patch for the patch.

There's no business like no business like no business I know.

Blue is no longer blue when it loses its hue.

Terrible day to start the way. (Terrible way to start to stray.)

If language could talk we would refuse to understand it.

Hue is a property of optics not objects.

As to "avant garde": I am not in advance of anything but perhaps close, in the neighborhood, around.

Better to come up from behind than to lead. If you lead you'd have to know where you are going whereas I only know where I am not going.

The politics in a poem has to do with how it enters the world, how it makes its meaning, how its forms work in social contexts. The politics in a poem is specific to poetry not politics.

Now I am getting weary of ideology and would like to give it up entirely but it seems the more I give it up the more it has me by the throat. I write so I can breathe.

And better artificial respiration than no respiration. Better imaging reparation than silence.

Or let's say trying to re-imagine the possibilities of sentience through the material sentience of language.

Don't ask me to be frank. I don't even know if I can be myself.

You never know what invention will look like or else it wouldn't be invention.

We see each other as if with hidden sensors. Those not tuned in miss the action entirely, even when it's right before their eyes.

The Greeks had an idea of *nostos*, which is not quire what we call nostalgia. *Nostos* suggests the political and ethical responsibility of the human being in orienting herself or himself. You can't go home again but you can stay tuned to your senses of responsibility.

So much depends upon what you are expecting.

The chicken she is cooked but the liver is raw.

As for we who love to admonished…

Certain that this satin would intoxicate even Satan; the trips of the trade, the lisps of the frayed.

If that's the price I will pay it but not gladly.

Like I told her, you can add up all the zeros in the world but it will never amount to anything. Whereas two plus two, while barely four, suggests progress.

If progress is a process, what is the purpose of purpose or the allure of allure?

You see I told you so but you weren't listening or maybe I forgot to press SEND.

It is equally problematic to shout "Theater!" at a crowded fire.

I break for speed bumps.

Eugene Ormandy wore organdy. George Solti speaks in sotte voce. Toscanini dons a bikini. Neville Marriner slides down the banister. Herbert von Karajan had two carry-ons. Kurt Mazur abhors clamor.

Everything that happens in life exists to be reflected on in Boca.

"Do you see that? Those people came in after us and they're being served first."

It takes a village to read a poem.

The patter of petunias in the marmalade.

Everybody's got to be somewhere.

Save the last chance for me.

Desmanifesto: Luminoso em teste

pagando em dobro, levando só a metade
paying double but taking only half!

Se um idioma pudesse falar,

nos recusaríamos a entendê-lo

if language could talk

we would refuse to understand it

si la lengua hablara

no la entenderíamos

o céu dormente

e a cobra pode dar o bote

aviões no céu...

the skies lies

so the dirt could give the boot

el cielo miente

para que la tierra dé la bota

nada de horizonte no horizon

não estou na frente, de nada

talvez esteja por perto

um fantasma!

I'm not in advance of anything
but perhaps close
no anticipo nada
pero quizás cerco
sei apenas para onde não estou indo
I only know where I am not going
sólo sé adónde no voy
a política num poema tem a ver
com o como ele penetra o mundo
the politics in a poem has to do with how it
enters the world
lo político del poema tiene que ver
con su "introito" en el mundo
the politics in a poem is specific
to poetry not to politics
en el poema la política es específica
al poema no a la política
a política num poema é específica da poesia
e não da política
estou cansado de ideologia
e gostaria de abrir mão dela

completamente
mas quanto mais abro mão
mais ela me agarra
pela garganta
escrevo para poder respirar
é melhor respiração artificial
do que nenhuma
melhor imaginar uma reparação
do que o silêncio
tentando reimaginar
a possibilidade de percepção
por meio da linguagem
(às vezes, uma rajada é apenas uma rajada)
(sometimes a gust is just a gust)
(a veces un soplo es sólo un soplo)
não me peça para ser franco
nem sei se posso ser eu mesmo
você nunca sabe o que vai se parecer
com uma invenção
de outra forma não seria invenção
(my cares turned to wares)

(meu ócio virou negócio)
tudo depende do que você está esperando
guarde a última chance para mim
going to sleep to continue the story
voy a continuar esta historia en un sueño
the pattern of petunias in the marmalade
las petunias forman patrones en la mermelada
cicios, de petúnias, embalsamados
certain that satin
would intoxicate even satin
es cierto que el satín
intoxica inclusive a Satán
the trips of the trades
the lips of the frayed
las tripas de los trueques
los labios de las muecas
cetim acetinado
que se intoxica sim a si mesmo
(o esqueleto do morcego é um dejeto/
inóbvio/
diante do espelho/

avança /

sob a pele /

do meu próprio)

ceceios do esgarçado

"Sign under test", de Charles Bernstein, com transformação de Régis Bonvicino (falas em espanhol por Odile Cisneros).

Thank you for saying thank you

This is a totally
accessible poem.
There is nothing
in this poem
that is in any
way difficult
to understand.
All the words
are simple &
to the point.
There are no new
concepts, no
theories, no
ideas to confuse
you. This poem
has no intellectual
pretensions. It is
purely emotional.
It fully expresses
the feelings of the
author: *my feelings,*
the person speaking
to you now.
It is all about
communication.

Obrigado por dizer obrigado

Este é um poema
totalmente acessível.
Não há nada
nele que seja,
de algum
modo, difícil
de entender.
Todas as palavras
são simples &
diretas.
Não há novos
conceitos, teorias, ou
idéias para confundi-lo.
Este poema
não tem pretensões
intelectuais. É
puramente emocional.
Ele expressa
os sentimentos do
autor: *meus sentimentos,
a pessoa que se dirige
a você agora.*
Seu objetivo
é falar de

Heart to heart.
This poem appreciates
& values you as
a reader. It
celebrates the
triumph of the
human imagination
amidst pitfalls &
calamities. This poem
has 90 lines,
269 words, and
more syllables than
I have time to
count. Each line,
word, & syllable
have been chosen
to convey only the
intended meaning
& nothing more.
This poem abjures
obscurity & enigma.
There is nothing
hidden. A hundred
readers would each
read the poem
in an identical
manner & derive
the same message

coração a coração.
Este poema o aprecia
e o valoriza como
um leitor. Celebra
o triunfo da
imaginação humana
entre as armadilhas &
calamidades. Este poema
tem 90 linhas,
269 palavras e
mais sílabas do que
meu tempo para contá-las.
Cada linha,
palavra, & sílaba
foi escolhida para transmitir
seu significado preciso
& nada mais.
Este poema abjura
a obscuridade & o enigma.
Não há nada
escondido. Uma centena
de leitores poderia
ler o poema
de maneira
idêntica & extrair
a mesma mensagem.

from it. This
poem, like all
good poems, tells
a story in a direct
style that never
leaves the reader
guessing. While
at times expressing
bitterness, anger,
resentment, xenophobia,
& hints of racism, its
ultimate mood is
affirmative. It finds
joy even in
those spiteful moments
of life that
it shares with
you. This poem
represents the hope
for a poetry
that doesn't turn
its back on
the audience, that
doesn't think it's
better than the reader,
that is committed
to poetry as a
popular form, like kite

Este poema, como todos
os bons poemas, conta
uma história num estilo
direto que nunca
deixa o leitor
sozinho. Embora
às vezes expresse
amargura, ira,
ressentimento, xenofobia,
& insinue racismo, seu
verdadeiro tom é afirmativo.
Encarna alegria a despeito
destes momentos
da vida que
ele divide com
você. Este poema
representa a esperança
da poesia
que não vira as costas
para o público, que
não pensa que é melhor
do que o leitor,
que está empenhada
numa poesia como
forma popular, como

flying and fly
fishing. This poem
belongs to no
school, has no
dogma. It follows
no fashion. It
says just what
it says. It's
real.

empinar pipa ou pescar.
Este poema
não pertence a uma
escola, e não tem
dogmas. Não segue a
moda. Diz apenas
o que diz. É
real.

Tradução: Régis Bonvicino

War stories

War is the extension of prose by other means.

War is never having to say you're sorry.

War is the logical outcome of moral certainty.

War is conflict resolution for the aesthetically challenged.

War is a slow boat to heaven and an express train to hell.

War is either a failure to communicate or the most direct expression possible.

War is the first resort of scoundrels.

War is the legitimate right of the powerless to resist the violence of the powerful.

War is delusion just as peace is imaginary.

"War is beautiful because it combines the gunfire, the cannonades, the cease-fire, the scents, and the stench of putrefaction into a symphony."

Histórias da guerra

A guerra é a extensão da prosa por outros meios.

A guerra é jamais ter que pedir desculpas.

A guerra é a conseqüência lógica da certeza moral.

A guerra é terapia para os esteticamente deficientes.

A guerra é um barco lento para o paraíso e um trem expresso para o inferno.

A guerra é ruído na comunicação ou a expressão mais direta possível.

A guerra é a primeira arma da canalha.

A guerra é legítima defesa dos fracos para resistir à violência dos fortes.

A guerra é tanto delírio quanto a paz é imaginária.

"A guerra é linda porque mescla arma de fogo, estrondos, trégua, cheiros e o fedor da putrefação numa sinfonia."

"War is a thing that decides how it is to be done when it is to be done."

War is not a justification for the self-righteousness of the people who oppose it.

War is other people.

War is a five-mile hike in a one-mile cemetery.

War is nature's way of saying I told you so.

War is a fashioning of opportunity.

War is "a nipponized bit of the old sixth avenue el."

War is the reluctant foundation of justice and the unconscious guarantor of liberty.

War is the broken dream of the patriot.

War is the slow death of idealism.

War is realpolitik for the old and unmitigated realism for the young.

War is pragmatism with an inhuman face.

"A guerra é coisa que se decide como vai ser feita quando está para ser feita."

A guerra não é justificativa para os rígidos que se opõem a ela.

A guerra são os outros.

A guerra é um passeio infinito num cemitério finito.

A guerra é o modo de a natureza se confirmar selvagem.

A guerra é uma nova oportunidade.

A guerra é "uma lasca nipônica do velho metrô aéreo da sexta avenida".

A guerra é vigília hesitante pela justiça e guardiã insciente da liberdade.

A guerra é o sonho abatido do patriota.

A guerra é a morte lenta do idealismo.

A guerra é *realpolitik* para os velhos e realismo exacerbado para os jovens.

A guerra é o pragmatismo com cara desumana.

War is for the state what despair is for the person.

War is the end of the road for those who've lost their bearings.

War is a poem that is afraid of its shadow but furious in its course.

War is men turned into steel and women turned into ash.

War is never a reason for war but seldom a reason for anything else.

War is a casualty of truth just as truth is a casualty of war.

War is the redress of the naked.

War is the opiate of the politicians.

War is to compromise what morbidity is to mortality.

War is poetry without song.

War is the world's betrayal of the earth's plenitude.

War is like a gorilla at a teletype machine: not always the best choice but sometimes the only one you've got.

A guerra é verdadeiro estado de desespero para as pessoas.

A guerra é o fim da linha para os impacientes.

A guerra é um poema que está aflito com sua sombra e furioso em seu curso.

A guerra é o homem feito aço e a mulher cinzas.

A guerra nunca é razão para a guerra e raramente razao para qualquer outra coisa.

A guerra é a vítima da verdade como a verdade é vítima da guerra.

A guerra é o níquel dos despidos.

A guerra é ópio dos políticos.

A guerra está para o compromisso como a morbidez para o morticínio.

A guerra é poesia sem acordes.

A guerra é a traição do mundo à plenitude da terra.

A guerra é como um gorila numa máquina de teletipos: nem sempre a melhor opção mas às vezes a única.

War is a fever that feeds on blood.

War is never more than an extension of Thanatos.

War is the older generation's way of making up for the mistakes of its youth.

War is moral, peace is ethical.

War is the ultimate entertainment.

War is resistance in the flesh.

War is capitalism's way of testing its limits.

War is an inevitable product of class struggle.

War is technology's uncle.

War is an excuse for lots of bad antiwar poetry.

War is the right of a people who are oppressed.

War is news that stays news.

War is the principal weapon of a revolution that can never be achieved.

A guerra é uma febre que se nutre de sangue.

A guerra nada mais é do que uma extensão de *thanatos*.

A guerra é o modo de os mais velhos compensar seus erros de juventude.

A guerra é moral, a paz ética.

A guerra é a última diversão.

A guerra é resistência na carne.

A guerra é o modo como o capitalismo testa seus limites.

A guerra é produto inevitável da luta de classes.

A guerra é a tia da tecnologia.

A guerra é um poema ambíguo, que tenta desqualificar a crítica da guerra.

A guerra é o direito dos esmagados.

A guerra é a tradução perversa do original. (E uma guerra entre seus leitores.)

A guerra é a principal arma de uma revolução irrealizável.

War pays for those who have nothing to lose.

War is Surrealism without art.

War is not won but survived.

War is two wrongs obliterating right.

War is the abandonment of reason in the name of principle.

War is sacrifice for an ideal.

War is the desecration of the real.

War is unjust even when it is just.

War is the revenge of the dead on the living.

War is revenge on the wrong person.

War is the cry of the child in black, the woman in red, and the man in blue.

War is powerlessness.

War is raw.

A guerra remunera aqueles que não têm nada a perder.

A guerra é surrealismo sem arte.

A guerra não tem vencedores mas sobreviventes.

A guerra é o duplo erro obliterando o acerto.

A guerra é o abandono da razão em nome do princípio.

A guerra é o pântano islâmico em Guantánamo.

A guerra é profanação do real.

A guerra é injusta até quando é justa.

A guerra é a vindita dos mortos contra os vivos.

A guerra é vingança contra a pessoa errada.

A guerra é o grito do menino em preto, da mulher em vermelho, e do homem em azul.

A guerra é impotência.

Guerra é guerra.

War is the declared struggle of one state against another but it is also the undeclared violence of the state against its own people.

War is no vice in the defense of liberty; appeasement is no virtue in the pursuit of self-protection.

War is tyranny's greatest foe.

War is tyranny's greatest friend.

War is the solution; but what is the problem?

War is a horse that bridles its rider.

War is the inadequate symbol of human society.

War is the best way to stoke the dying embers of ancient enmities.

War is a battle for the hearts and minds of the heartless and mindless.

War is history as told by the victors.

War is the death of civilization in the pursuit of civilization.

War is the end justifying the meanness.

A guerra é a declaração de guerra de um estado contra outro e também violência não declarada do estado contra o seu povo.

A guerra é pura na defesa das liberdades e a trégua não é virtude em seu intento de autoproteção.

A guerra é o maior inimigo da tirania.

A guerra é a melhor amiga da tirania.

A guerra é a solução e qual é o problema?

A guerra é um cavalo que freia o cavaleiro.

A guerra é o símbolo inadequado da sociedade.

A guerra é o caminho mais curto para reatiçar as cinzas de velhas inimizades.

A guerra é uma batalha para os corações e mentes dos desalmados e descabeçados.

A guerra é a história contada pelos ianques.

A guerra é a morte da civilização em nome da civilização.

A guerra é o fim justificando o vil.

War is an SUV for every soccer Pop and social Mom.

War is made by the rich and paid by the poor.

War is the quality TV alternative to *You Still Don't Know Jacko: Cookin' with Michael* and *Fear Factor: How to Marry a Bachelorette*.

War is not a metaphor.

War is not ironic.

War is sincerity in serial motion.

War is a game of chess etched in flesh.

War is tactical violence for strategic dominance.

War is international engagement to cover domestic indifference.

War is the devil in overdrive.

War is our only hope.

War is our inheritance.

A guerra é um tanque cheio de *van* para famílias felizes.

A guerra é feita por ricos e paga pelos pobres.

A guerra é a alternativa de qualidade na TV para *Você ainda não conhece Michael: cozinhando com Michael Jackson* e *Big brother: Namoro na TV*.

A guerra não é metáfora.

A guerra não é irônica.

A guerra é sincera trama em série.

A guerra é jogo de xadrez entalhado na carne.

A guerra é uma violência tática para uma dominação estratégica.

A guerra é engajamento internacional para disfarçar a indiferença doméstica.

A guerra é o diabo em sobremarcha.

A guerra é nossa única esperança.

A guerra é nosso *causa mortis*.

War is our patrimony.

War is our right.

War is our obligation.

War is justified only when it stops war.

War isn't over even when it's over.

War is "over here."

War is the answer.

War is here.

War is this.

War is now.

War is us.

A guerra é o nosso patrimônio.

A guerra é nosso direito.

A guerra é nossa regra.

A guerra é justificada pelo pós-guerra.

A guerra nunca finda mesmo quando termina.

A guerra "acabou aqui".

A guerra é a resposta.

A guerra está aqui.

A guerra é isto.

A guerra é agora.

A guerra sou E.U.

Tradução: Régis Bonvicino

Rain is local

my hand is my hand
& my car is my car
my boat is my boat
my scare my scar

Chuva local

meu braço é meu braço
& meu carro é meu carro
meu barco é meu barco
minha cara escara

Tradução: Régis Bonvicino

Variações[1]
RÉGIS BONVICINO

cuts so deep
upon layer & layer
fogs & clots

nothing is adequate
against absence

Corta ao máximo
camadas e camadas
névoas e excrescências

nada con*diz*
contra a ausência

corta ao máximo
camadas e camadas
né*voas* e coágulos

nada condiz
com o vago

---

1. A partir da estrofe aqui estampada de "A person is not entirely symbolic but the divine incarnate" (*The sophist*, 1987).

corta na essência
camadas e camadas
névoa densa

nada se a*jus*ta
à ausência

corta bem fundo
camadas e camadas
névoa adentro

nada se des*faz*
contra o desalento

corta mais fundo
camadas e camadas
névoas e grumos

nada se *rev*ela
num poema obscuro?

Me transformo[1]
RÉGIS BONVICINO

Me transformo,
outra janela –
outro
que se afasta e não se reaproxima

nas desobjetivações e reativações,
nas linhas e realinhamentos
outros
me atravessam

morto de ser
coisas perdem sentido
expressões figuradas como
ossos de borboleta

me transformo
na observação
de uma pétala

•

Me destransformo
a mesma janela –
outro
que não se afasta

1. De *Ossos de borboleta* (1996).

Me transform– O!

Me transform– O!
outta vanilla
outro
hey see a fast a, eh, neo so re: a proxy ma

not day's objective cues, eh, reactivate cues
not – line has to realign mementos
outro
me a traveling man

Morty deserves
cause per diem sent I do
espressos figured as coma
oh, so the bourbon let a…

me transform   O!
nah – observe a cow
the humid petals

•

Me detransform– O!
a mess my vanilla
outro
hey now see a fast a

Nas objetivações,
alinhamentos
e linhas inexistentes
iguais me repassam

Retrato desativado,
taxidermista de mim mesmo

Not objective cues
aligned mementos
a line has inexistent
iguanas – me re: pass am

Retract ode sat I've a do
taxidermist of mime, mess, more

Tradução homofônica para o inglês de Charles Bernstein (1998).

ENSAIOS

Inovação é a marca da reconsideração
Entrevista de Charles Bernstein a Régis Bonvicino e Odile Cisneros[1]

RB e OC: Qual é sua opinião sobre a natureza da inovação na poesia e nas artes em geral? É um valor em si, isto é, os poetas e artistas deveriam sempre lutar pelo novo, temendo a fossilização do vocabulário?

CB: A inovação não é tanto um valor, mas uma necessidade. Hoje, obviamente, existe uma enorme circunspecção com relação à necessidade do novo; em parte é uma reação justificada às idéias progressistas do modernismo (e da modernização), de que o novo deve substituir o velho, de que o novo é melhor que o velho. Muitas vezes, essas idéias parecem imitar a demanda mercadológica por produtos "novos e melhorados", que são, na realidade, os mesmos velhos produtos. Não vejo inovação como melhoria, mas sim como esforço para acompanhar o presente e lidar com o contemporâneo. Temos de reinventar constantemente o contato conosco e com o mundo em que vivemos. A necessidade de mudanças na arte é gerada por mudanças na cultura e na sociedade. As respostas do passado nem sempre conseguem alcançar o presente.

Está na moda considerar frívola a poesia inovadora, um produto de indivíduos privilegiados que não precisam enfrentar a difícil realidade da pobreza, da guerra ou da injustiça social. Essa atitude, apesar de geralmente ter motivação moral,

[1] Concedida entre janeiro e agosto de 2002 e publicada, em parte, na revista *Sibila* nº 3, out. 2002.

é estética e eticamente traiçoeira. Um dos motivos para tanto é que existe o risco de negar as extraordinárias inovações feitas por poetas que vivenciaram justamente essas duras realidades; sem essas inovações, a poesia das Américas não teria se desenvolvido de maneira tão dinâmica. Seria mais correto dizer que a inovação é uma resposta à crise do ser humano: a inovação é a marca da reconsideração, da tentativa de quebrar o ritmo obsessivo de repetição-compulsão que vemos a nossa volta, seja num indivíduo, família ou político (no conflito entre Estados ou grupos). Tal preconceito, de que a idéia de inovação é um luxo dos privilegiados ou daqueles que evitam lutar, cria, na melhor das hipóteses, uma nostalgia romântica, e, na pior, uma nostalgia demagógica para maior autenticidade da experiência dos chamados menos privilegiados, como se somente formas de opressão severas pudessem criar uma poesia relevante, como se fôssemos tão prósperos e tivéssemos tantas coisas para nos fazer companhia. Pode-se dizer que formas severas de opressão nos roubam o direito à poesia – e a crise da poesia é ter de criar constantemente um espaço para a poesia.

Por isso, qualquer coisa menos que inovação não tem a mesma força. Às vezes essa falta de força pode ser delicadamente bela, e outras vezes mudar essa situação pode parecer grosseiro e rude. Mas a necessidade humana de recriar não é menos forte do que nosso desejo de lamentar. E mesmo a lamentação não está imune à erosão de nossa cultura consumista; mesmo a lamentação deve ser reinventada para que o morto não seja ridicularizado e o vivo não se torne alma penada, zumbi do que foi tentado e que não é mais verdadeiro.

RB e OC: Quais são os perigos da busca constante por inovação? Você acha que essa tendência se acelerou nos últimos anos?

CB: Não acho que a necessidade ou prática da inovação tenha se acelerado nos últimos anos, mas sim nos últimos séculos, naturalmente. Ainda estamos mudando e nos ajustando às mudanças sociais e tecnológicas do século XX, isto é, estamos tontos com os acontecimentos. Claro que o perigo da inovação é falhar, e ela normalmente falha porque a maior parte das artes "produz" falha, independentemente de seu sucesso. O perigo de não inovar é ter sucesso, mas um sucesso pequeno ou nulo. Esses são os extremos: pode ser admirável não ter sucesso em nada (eu faço questão disso), assim como pode ser iluminador falhar em inovar. Sempre gostei daquela frase de Bob Dylan: "Não há sucesso como o fracasso, mas o fracasso não é um sucesso". Ou, como costumávamos dizer no primário, "Don't suck lemons, success" (mas que verdadeiro poeta não preferiria chupar limões?). Jack Spicer escreveu: "Quero um poema tão real quanto um limão". E eu respondi mais tarde num outro poema: "Quero um poema tão real quanto um Orange Julius".

A GE costumava ter como lema: "O progresso é nosso produto mais importante". Uma inovação central da poesia tradicional norte-americana, desde Stein, Williams, Zukofsky, Reznikoff e Neidecker, até Rothenberg, Antin, Weiner, Guest, Ashbery, O'Hara, Olson e Creeley, poderia ser "o processo é nosso progresso mais importante". Gosto de pensar na inovação como um caminho local, modesto, como uma resposta a detalhes históricos e contemporâneos específicos, como situacional, e não universal. Mais como o tempo – e nossa resposta cotidiana a ele – do que como a marcha do conhecimento científico. Geralmente a inovação é uma resposta à sensação de fracasso da obra-de-arte que a precede (independentemente de quão inovadora ela pareça). Essa sensação de fracasso cria um espaço para o novo no sentido do agora. Pode parecer uma fuga das inovações do passado que, num piscar de olhos, mostram-se históricas, fossilizadas. A inovação é um processo constante de invenção diante do que é dado. De fora, algumas inovações podem parecer mínimas ou técnicas, mas em poesia o mínimo é o máximo e o máximo é normalmente entediante, como o tagarela que continua reclamando mesmo depois de instalado o condicionador de ar. Às vezes, o melhor a fazer é ganhar tempo, ir devagar, passar, enrolar, se esquivar ou simplesmente sentar e descansar os pés.

As inovações poéticas geralmente causam estardalhaço, bagunça, destroem e desorientam. Elas não seguem o mesmo padrão das inovações do passado, mas muitas vezes parecem nascer de um curso progressista. Talvez porque estejam não só recriando a natureza do poema, mas reconstruindo sua audiência, reavaliando o contexto que dá ao poema não apenas significado, mas também força social. Segundo esse modelo, pode-se contrastar inovação disruptiva com refinamento. Normalmente, a obra refinada que resulta das inovações disruptivas é "melhor" que a original, mas pode não ter a mesma energia. Isso ocorre historicamente; contudo, pode-se verificar o mesmo efeito num único trabalho de um poeta, por exemplo a diferença entre Eliot no princípio e mais recentemente, ou Ginsberg no princípio e mais recentemente. Ainda assim, é importante não confundir o refinamento de uma inovação disruptiva inicial com a inovação que ignora a inovação existente porque ela não é o que você acha que deveria ser. Afinal, meu lema ainda é "nunca deveria dizer deveria", deveria?

RB e OC: Por que as pessoas não gostam do "novo" nas artes em geral?

CB: Porque não lhes é familiar. Mesmo quando se torna familiar, elas continuam não gostando, pois já não é mais novo; é como um chapéu velho que decidiram não experimentar mais. Talvez gostem mais quando não gostam da primeira vez. No entanto, há muita porcaria nova produzida por não profissionais que anseiam pelo novo e somente o novo como se fosse leite paterno. Mas sempre lhes digo: "Não se pode tirar leite de pedra", isto é, não use uma cadeira se você quer uma cama, mas é melhor cozinhar de pé. Peguem meu poema, por favor.

RB e OC: Que poetas você admira na poesia norte-americana e por quê? Quem são seus ensaístas favoritos?

CB: Eu poderia escrever um livro, mas por outro lado, já escrevi. Essa é uma pergunta difícil, pois gosto de tantas coisas, e também porque a poesia nos Estados Unidos e Canadá é tão vital. Foram lançadas grandes coleções de ensaios de poetas nos últimos anos – Steve McCaffery, Lyn Hejinian, Leslie Scalapino, Rachel DuPlessis, Nick Piombino, Susan Howe, Bruce Andrews, Fred Wah, Bob Perelman, Hank Lazer, Susan

Stewart, Kathleen Fraser e Lorenzo Thomas – e uma importante coleção de ensaios de uma geração mais nova, *Telling it slant*, organizada por Mark Wallace e Steven Marks. Quanto à poesia, considerando somente os poetas em atividade de 1980 para cá, sem falar daqueles que mencionei, eu acrescentaria Juliana Spahr, Kenny Goldsmith, Tan Lin, Stacy Doris e Harreyette Mullen, nos Estados Unidos, e Christian Bok, Darren Wershler-Henry, Karen Mac Cormack e Kevin Davies no Canadá. Ainda leio muitos dos poetas que lia nos anos 1970, com a mesma atenção e o mesmo entusiasmo. *Websites* como o Electronic Poetry Center (http://epc.buffalo.edu) tornaram muitos desses trabalhos mais acessíveis do que nunca.

RB e OC: Augusto de Campos diz, numa entrevista para o *site* Trópico, de 3 de agosto de 2002, que "acrescentaria à lista dos poetas indispensáveis os textos do multiartista John Cage, superiores a tudo o que se chama de poesia americana pós-Pound. A fortíssima geração modernista americana, que inclui figuras de proa como Eliot, Stein, Cummings, Wallace Stevens, Williams e Hart Crane, deixou as gerações subseqüentes numa espécie de estupefação poética, até hoje não resolvida. [...]. Não dá para comparar com eles os *beats*, nem os discípulos pós-modernistas como Zukofsky e Oppen (por maior que seja o esforço da crítica recente americana em supervalorizá-los) e muito menos os *language poets*, mais interessantes pela pesquisa do que pela poesia, incongruentes na hierarquização dos valores poéticos e paradoxalmente mais propensos a responderem às novas mídias com idioletos nãoreferenciais do que com ciberpoéticas competentes". Você concorda?

CB: Acho que ele levanta pontos válidos. A Poesia Concreta foi, talvez, o único movimento de poesia totalmente modernista nas Américas no período pós-Segunda-Guerra. Era conceitualmente contida, clara em seus objetivos, brilhante em seu sucesso e, não menos importante, internacional. Desnecessário falar sobre a importância de um movimento de arte internacional no Brasil nos anos 1950. O curioso é que somente no Brasil uma prática poética radicalmente inovadora teve ascendência no período pós-guerra; a poesia concreta ou visual nos Estados Unidos era e continua sendo quase desconhecida, exceto para aqueles que, como nós, estão profundamente ligados a práticas poéticas alternativas. Creio que Jackson Mac Low é mais importante do que Cage para a poesia, pois, longe de fundar um movimento, ele é um iconoclasta exemplar. Zukofsky é igualmente um iconoclasta – seu primeiro grande poema, "A poem beginning 'the'" é uma crítica ao suprematismo cultural, ou melhor, ao monismo cultural de "The waste land" de Eliot, e é realmente um momento fundamental para o tipo de prática baseada na inovação e invenção contínuas com as quais estou comprometido –, "uma" poética, e não "a" poética. Zukofsky estava perfeitamente consciente da necessidade de criar "detalhes históricos e contemporâneos" e, por essa razão, mudou para poesia densa e refratária, resistente à generalização teórica: uma poesia que valoriza acima de tudo a sensação material da música da linguagem à medida que se move através do tempo. O trabalho de Zukofsky como tradutor também se relaciona com o trabalho profundo de Haroldo de Campos, que leio como meio de negociar a dialética complexa do global/local depois do concretismo. Eu, entretanto, abraço uma poética de perplexidade. Não sei e nunca soube para onde estou indo; apenas tento lidar da melhor maneira possível com o agora. A poética radical norte-americana que me atrai não é teoricamente perspicaz; ela tem poética e estética, mas não uma teoria predeterminante; é multiforme e caótica, sempre reformulando e reagrupando. Para mim, a competência é menos importante do que a sensibilidade ou a mobilidade; a engenhosidade e a invenção são mais importantes do que soluções para problemas predefinidos. Mas não "sem referência": a tarefa é sempre criar para expandir o campo de referência, e não o abolir. A ciberpoética não é mais do que uma extensão da poesia no contexto de um novo espaço; para mim, projetos como o Electronic Poetry Center são recursos fundamentais nesse esforço.

Adaptando o famoso comentário de Rimbaud, eu diria que "Eu" é uma questão, poesia é uma exploração, poética é uma recriação criativa.

RB e OC: As poesias de Brasil e Estados Unidos parecem ter tido apenas alguns poucos pontos de contato no último século. Você pensa que isso tem a ver com a indisponibilidade de traduções ou será que, de forma inversa, a indisponibilidade de traduções é conseqüência de um mútuo desinteresse?

CB: O Brasil parecia duplamente desconhecido: o "outro" continente, o "outro" idioma colonial. Essa explicação é tão bem ensaiada que a cantarolamos para nós mesmos... Mas não diz muito. Talvez a poesia norte-americana precisasse ter um sentido suficientemente pleno de si mesma como "real" (aqui, do latim *res*) para ser capaz de considerar os desenvolvimentos paralelos nas Américas. Nosso próprio espaço social "americano" de diversidade multiforme está, porém, numa certa sincronia com o do Brasil. E talvez agora percebamos que um projeto partilhado nas Américas ainda está muito em processo, numa conversação que penetra nossos versos.

RB e OC: Você diz, em seu mais recente livro de poemas, *With strings* (Chicago, University of Chicago, 2001), que a arte é feita não de essências, mas de palhas... O contrário da definição de Pound: "A grande literatura é simplesmente linguagem carregada de significado até o último grau possível". Por quê?

CB: *With strings* são canções imaginárias [...] cuja música talvez seja mais *res cogitans* do que *res extensa* [...]. O tema da poesia é apenas uma palha de milho. Quando você descasca, não chega à essência [...], mas está derivando no tempo [...]. "Desafinado" continua a ser meu lema [...]. Se a poesia é um jogo de cascas é porque é sobre cascas e não sobre ervilhas [...]. As ervilhas mal tocam na colher e já está na hora de trocar a toalha da mesa. Assim que a gente pega as ervilhas, o jogo acaba, ao passo que a poesia nunca chega a lugar nenhum, apenas torna você mais presente no lugar em que você está. O dia-a-dia é bastante cômico quando, por exemplo, escorrego numa casca de banana, mas é também político: quando me levanto do tombo! Uma palha: é a cobertura externa de uma espiga de milho [...]. A história é palha e a eternidade, seu outro litoral, sua negação. A técnica de colagem de Pound é muito mais carregada de palhas do que ele imaginava; essa é a redenção secular de *Os cantos*.

RB: O Brasil tem, de modo geral, a França e a Europa como centros de referência mais importantes em poesia. Como um poeta norte-americano vê esse fato? Isso acontece na cultura norte-americana?

CB: Não. Os Estados Unidos vivem uma espécie de adolescência narcísica prolongada e não está definido se querem crescer, virar adultos, ou não. Talvez os Estados Unidos amadurecidos sejam piores. De qualquer modo, o mundo parece, ironicamente, preferir a adolescência norte-americana a qualquer outra coisa: é nosso principal produto de exportação cultural. Acho que os jovens que se sintonizam pela primeira vez com a poesia podem ser "esmagados" pela quantidade de material "norte-americano" imediatamente disponível, que pode ser bem variado, tanto no presente como nos últimos duzentos anos. É difícil encontrar uma saída dessa profundidade e diversidade (como areia movediça cultural). Mas, se deixarmos as generalizações de lado, por mais interessantes que elas possam ser, há, é claro, certa poesia francesa (não conservadora), pelo menos para mim, numa dança crucial com nossa própria poesia. Veja, alguns poetas franceses como Claude Royet-Journoud, Emmanuel Hocquard, Olivier Cadiot, Anne-Marie Albiach e Dominique Fourcade lêem em grande detalhe os "norte-americanos", e esse diálogo permite correspondências únicas. Mas são afinidades estéticas específicas.

RB: O outro lado da questão é como a poesia é vista no panorama norte-americano?

CB: Panorama é uma coisa engraçada aqui. Essa palavra está normalmente relacionada a árvores e ao hábitat natural, isto é, ao pano de fundo para o qual ou através do qual olhamos. A poesia não faz absolutamente parte do panorama norte-americano nesse sentido: ela se dissolve notavelmente ou então está camuflada. No entanto, existem "cenas", pequenos grupos de pessoas, e a poesia está cheia delas. Nos encontramos, mas é como se tivéssemos sensores escondidos, aqueles não sintonizados acabam perdendo oportunidades. Mesmo quando elas estão bem diante de nossos olhos. A razão é que a poesia raramente faz parte da cultura de massa, e cultura de massa é o que a maioria das pessoas "vê". Mas isso permite que a poesia prospere em pequena escala e em suas próprias condições, o que, por sua vez, dá à poesia uma profundidade e complexidade que geralmente não encontramos na cultura de massa (ainda que às vezes possa ser muito boa).

RB: Em sua opinião, o que é ser um poeta de vanguarda?

CB: O termo "avant-garde", embora não haja outro, sempre me incomodou: não me encontro adiante de nada, mas talvez próximo, na vizinhança, atento: para liderar, é preciso saber aonde se vai, mas eu só sei aonde não estou indo. Penso que a política, num poema, tem a ver com o modo como ela

– poesia – entra no mundo, como ela faz sentido, sua relação com o estilo, como sua "forma" funciona em contextos sociais [...], mais do que o "conteúdo" aberto do poema. Às vezes, sinto-me cansado de ideologia e gostaria de abrir mão dela totalmente. No entanto, parece-me que quanto mais abro mão, mais ela me sufoca. Escrevo para poder respirar.

RB: O que foi o movimento Language Poetry nos anos 1970 e 1980?

CB: Eu diria "respiração artificial". Todavia, antes artificial do que nenhuma. Na poesia, não há nada além de artifício. Em meados dos anos 1970, muitos de nós começaram a compartilhar intensamente algumas preocupações que tínhamos: queríamos uma poesia que, se não necessariamente "adiantada" no tempo, fosse ao menos do e no tempo, que reagisse às complexidades da cultura com todos os recursos que a língua pudesse fornecer, que estivesse cansada das piedades do sentimento humanista ralo, ou que, digamos, tentasse reimaginar as possibilidades do sentimento através da sensação material da língua. Diria ainda que a invenção poética é o que faz a poesia ativamente suscetível e necessária: mas nunca se sabe como essa invenção será (caso contrário não seria invenção) ou aonde nos levará. Isso significa, significou, não tentar fazer poemas "melhores", mas reinventar a poesia (sempre, e não pela última vez). Senão, por que escrever? Uma pergunta que sempre me faço e cada vez mais.

RB: Você tem relações com o Brasil e a poesia brasileira. Fale um pouco sobre isso.

CB: Sou um estudante da poesia brasileira, tentando vencer o obstáculo que é minha ignorância da língua portuguesa. Até a década de 1980, o poeta brasileiro que eu conhecia melhor era Haroldo de Campos, cujo trabalho admiro. Também havia lido, com imensa admiração, João Cabral de Melo Neto. Traduzi dois de seus poemas logo depois de sua morte, em outubro de 1999. Entre as produções mais recentes, admiro também a antologia *Nothing the sun could not explain* (Los Angeles, Sun & Moon, 1997), na qual pude ler Paulo Leminski, Torquato Neto e muitos outros. Devo mencionar também que eu, assim como muitos outros, ouço muita música brasileira, talvez mais do que qualquer outra recentemente. Eu compartilho do entusiasmo global por Jobim e considero "Desafinado" uma espécie de tema. Também adoro Astrid Gilberto e João Gilberto, bem como Elis Regina, Maria Betânia e Caetano Veloso. Para mim, a música brasileira é estimulante devido a seu ritmo variado, simultâneo, em camadas, algo que me interessa na poesia. Parece-me uma alternativa à batida única e monótona do *rock and roll*.

Nossas Américas: novos mundos ainda em processo[1]

> *Crê o aldeão vaidoso que o mundo inteiro é sua aldeia.*
> José Martí, "Nossa América"
>
> *Sou um tupi tangendo um alaúde!*
> Mário de Andrade, "O trovador"
>
> *Tupy, or not tupy, that is the question.*
> Oswald de Andrade, "Manifesto antropófago"

1.

Um dia quero escrever um ensaio intitulado "As Américas ainda em processo". Nesse ensaio, exploraria o ainda imaginário espaço cultural de uma "poética das Américas" no sentido do ensaio de José Martí, "Nossa América", e do "perfeccionismo moral" de Emerson. Minha discussão do perfeccionismo moral, pela qual tenho uma dívida com Stanley Cavell, levaria sem dúvida a uma declaração de interdependência: no sentido de que a poética das Américas nunca poderá estar completa, pois, se chegarmos a seu fim, teríamos destruído a promessa de ela se tornar permanente e auto-regenerativa.

[1]. Artigo elaborado por ocasião do seminário "Poesia em tempo de guerra e banalidade", organizado por Alcir Pécora e Régis Bonvicino e realizado no Espaço Cultural CPFL, Campinas/SP, entre maio e junho de 2006. Publicado originariamente em *Sibila* nº 10, out. 2006.

Nesse ensaio, proclamaria, como um Edgar Poe dadaísta que sonha com Nicolás Guillén pesquisando no Google, que o poema das Américas não existe. Porque as Américas são um espaço cultural imaginário cujas manifestações mutantes e multiformes são tão fugazes quanto os últimos sopros de uma língua que morre.

& diria depois que por isso é que o imperativo para os poetas das Américas – contra a sabedoria convencional – tem sido dizer em lugar de mostrar. Pois dizer é a tarefa, como Langston Hughes nos chama, de um povo "em transição".

2.

Na antologia *Shaking the pumpkin – Traditional poetry of the Indian North Americas* (Nova York, Doubleday, 1972), o organizador, Jerome Rothenberg, articula, com força cômica, um problema que ainda é uma questão central na transição, nos Estados Unidos, de uma poética norte-americana para uma poética das Américas:

> Por um período de 25 anos, digamos, ou o tempo que leva para uma geração descobrir onde vive, tire a épica grega do currículo das faculdades e a substitua pelas grandes épicas americanas. Estude-se o *Popol vuh* onde hoje se estuda Homero, e estude-se Homero onde hoje se estuda o *Popol vuh* – como antropologia exótica etc. (*Prefaces*, p. 175).

Aqui Rothenberg ecoa os sentimentos de José Martí em "Nossa América", oitenta anos antes: "A história da América, dos incas a nossos dias, deverá se ensinar acuradamente, mesmo se a dos arcontes da Grécia não se ensinar. Nossa Grécia é preferível a uma Grécia que não é nossa. É mais necessária para nós".

As duas antologias pioneiras de Rothenberg, *Technicians of the sacred* (Nova York, Doubleday, 1967) e *Shaking the pumpkin*, insistiam na relevância imediata (não apenas simplesmente histórica ou antropológica) das poéticas "tribais" dos nativos americanos (em ambos os continentes americanos), dos africanos e dos povos da Oceania. Assim, essas antologias devem ser lidas como documentos poéticos marcantes das décadas de 1960 e 1970, obras que aceleraram a reconceituação da poesia norte-americana como uma poética das Américas. Rothenberg apresentava um ataque vigoroso à prioridade da alta cultura ocidental e uma tentativa ativa de busca, em culturas nem ocidentais nem orientais, do que parecia faltar à nossa. Além disso, a "recuperação" de nossa cultura americana nativa feita por um poeta-antologista judeu, de primeira geração, nascido no Brooklyn (nas palavras de Rothenberg, "um judeu entre/ os índios"), com raízes estéticas na vanguarda européia, era um reconhecimento implícito de nosso genocídio *doméstico*, em ambos os continentes das Américas, como parte de um processo de recuperação tanto de Auschwitz quanto de Hiroshima.

As antologias de Rothenberg investigam um fundamento pluricultural das Américas, ao mesmo tempo em que rejeitam explicitamente o euro-suprematismo de *dentro* de uma perspectiva européia. Simultaneamente, o trabalho de Rothenberg é notável pela rejeição estrita que faz da comum, porém demagógica, rejeição da Europa e do europeu entre os poetas dos Estados Unidos, quer dizer, pela recusa da Europa em favor de uma América idealizada e única.

3.

A idéia de uma literatura (norte-)americana singular e unitária está baseada numa série de exclusões anglo-normativas, com freqüência violentas: das culturas anteriores à conquista, do tráfico de escravos, das línguas da imigração e das novas línguas emergentes.

4.

Em 1951, a visita de Charles Olson ao Yucatán inspirou uma virada significativa e influente na direção de uma poética das Américas, a de maior importância, entre os poetas dos Estados Unidos nos anos logo depois da Segunda Guerra Mundial. A entusiasta rejeição de Olson do que Robin Blaser, num ensaio sobre Olson, chamou de "caixa ocidental", ao mesmo tempo ecoa e antecipa Rothenberg:

> Não acuso os gregos. No final, somos nós que não encontramos as maneiras de lavrar a experiência como ela é, em nossa definição e expressão dela, em outras palavras, encontrar ma-

neiras de permanecer no universo humano e não ser levados a dividir a realidade em nenhum momento nem de maneira alguma. Pois isso é justamente o que fazemos, é essa a questão do que tem acontecido, e o processo, como se apresenta agora, pode ser denunciado. É a função da *comparação*, ou seu nome mais altissonante, *simbologia*. Esses são os falsos rostos, já muito vistos, que escondem e nos impedem de aproveitar os estados intelectuais ativos, a metáfora e a performance ("Human universe", em: *Collected prose*, Berkeley, University of California, 1997, p. 157).

Olson passou a articular uma poética do lugar que recusa o metafísico em favor do histórico e do particular. Ao fazer contato direto com Nossas Américas, se deu conta de que o caminho não era pela analogia, e sim por um processo de justaposição ativa que produz um terceiro termo.

Nossas Américas são uma performance.

5.

Insisto no termo "as Américas", não apenas para incluir América do Norte e do Sul, mas também para registrar a multiplicidade de nossos sentidos de América, como uma maneira de registrar essa multiplicidade, não sua comparação, como fundamental para as poéticas de nossas Américas.

Em *Ül – Four Mapuche poets*, organizado por Cecilia Vicuña e traduzido por John Bierhorst (Pittsburgh, Poetry in Indigenous Languages Series, Latin American Literary Review,

1998), Vicuña cita Jorge Teiller: "Minha arma contra o mundo é uma outra visão do mundo". O que falta à poesia em termos de eficácia, ela compensa com poder conceitual, a "luta mental" [mental fight] de Blake. Ou, como Martí escreve em "Nossa América": "as armas do juízo, que vencem as outras. Trincheiras de idéias valem mais que trincheiras de pedra".

Nenhuma questão tem perseguido tanto a poesia nas duas últimas décadas quanto a questão da identidade – nacional, social, étnica, racial e local. Como nas Américas, a identidade é sempre plural. E, como nas Américas, a identidade é necessariamente, *a priori*, sincrética e trançada, tanto quanto o DNA que corre nas nossas psiques e encadeia nossas projeções mentais.

Ao desenvolver não apenas nosso pensamento sobre uma poética das Américas, mas também, mais fundamentalmente, nossas atividades para a criação de uma poética das Américas, seria bom levar em conta a observação de Teiller no sentido de estarmos criando uma nova visão do mundo que, em seu "globabelismo"[2], não acata os ditados da Organização Mundial do Comércio nem do Banco Mundial, e que também, num certo localismo, não vira um centro de produção de frutas exóticas para exportação, mas, pelo contrário, se compromete a um processo canibal de autocriação, como a primeira defesa contra a "caixa ocidental". Essa possibilidade nunca foi tão bem colocada quanto no "Manifesto antropófago", de Oswald de Andrade, em 1928:

2. No original, *globablism*; jogo de palavras: *globalism* + *babelism*, isto é, globalismo + babelismo. (N. de T.)

Só a Antropofagia nos une [...].
Contra todos os importadores de consciência enlatada. A existência palpável da vida. E a mentalidade pré-lógica para o sr. Lévy-Bruhl estudar [...].
Contra a verdade dos povos missionários, definida pela sagacidade de um antropófago [...].
Mas não foram cruzados que vieram. Foram fugitivos de uma civilização que estamos comendo, porque somos fortes e vingativos como o Jabuti.

6.

Martí, de novo: "As árvores terão que se colocar em fila para impedir a passagem do gigante das botas de sete léguas!".

Um modelo sempre fascinante para nossa poética global/local/louca[3] seria o poeta escocês Hugh MacDiarmid (não seu nome de nascimento, e sim aquele ao qual aspirou), que foi expulso do Partido Nacionalista Escocês, apesar de seu trabalho poético num dialeto sintético escocês, por ser demasiadamente internacional. Foi também expulso do Partido Comunista por ser demasiadamente local.

Na coleção de poetas mapuches, Elicura Chihuailaf escreve que "a poesia não preserva apenas a identidade cultural de um povo, ela a cria". Assim, Chihuailaf sublinha as forças produtivas da poesia em contraste com os reflexos reprodutivos

---

3. No original, "global/local/loco". (N. de T.)

da teoria cultural. Uma poética das Américas estaria menos preocupada com analisar temas e narrativas culturais produzidas na ficção espanhola ou inglesa do que com escutar – e compor – uma colagem de diferentes práticas lingüísticas pela América afora. Ao substituir o tema e sistema – "comparação" e "simbologia" nos termos de Olson – por imbricações, palimpsestos e colagem, sugiro reconceituarmos nossas Américas como uma constelação hipertextual ou sincrética, com camadas alfabéticas, glíficas e orais. Uma constelação é um modelo alternativo para entender o que muitas vezes se vê como fragmentação, parataxe, isolamento, insularidade, atomização e desenvolvimento individual. A hipertextualidade faz a cartografia de um espaço sincrético que articula pontos de contato e que potencializa as duas conexões espaciais entre as partes divergentes e imbricações temporais que convergem ou se fundem indistintamente.

A aproximação palimpséstica do volume mapuche provém diretamente das condições da poética das Américas: não do multiculturalismo, mas do que Chihuailaf valiosamente chama (na tradução inglesa do texto espanhol desse poeta de língua mapudungun): *interculturalismo*. De fato, esse livro é trilíngüe: escrito em inglês, espanhol e mapudungun (a língua dos mapuches). Das três línguas, mapudungun foi a última a ser alfabetizada, isto é, escrita por meio de transliterações. No começo, estranhei o fato de não encontrar o nome do tradutor para o espanhol, mas depois me dei conta de que se presumia que os poetas representados em mapudungun teriam traduzido seus próprios poemas, ou, talvez mais provavelmente, teriam trabalhado de maneira bilíngüe nas duas línguas, talvez voltando do espanhol para o mapudungun, assim como partindo do mapudungun e traduzindo para o espanhol, como se fosse uma língua estrangeira. Talvez o que faz com que isso seja *indígena* para nossas Américas não seja a fibra única do mapudungun, e sim as camadas imbricadas do aborígine, do colonial, do imigrante: especificamente a conjunção de qualquer uma dessas duas com uma terceira, o que é visto como uma ameaça maior. Lembremos das palavras de Rothenberg – "um judeu entre/ os índios".

Martí diz que nós trabalhamos com "cuecas inglesas, colete parisiense, casacão norte-americano e boné espanhol, [enquanto o] índio, mudo, [dá] voltas a nosso redor" e enfatiza a necessidade de opor o racismo, reconhecendo não apenas aqueles que aqui moravam antes da chegada dos europeus, mas também aqueles que foram violentamente arrancados da África e levados até um duro desembarque no Novo Mundo, aqueles que moram "sozinho[s] e desconhecido[s], entre as ondas e as feras". Martí procura trabalhosamente não apagar a humanidade dos que foram trazidos como escravos para as Américas. Mas também registra que os novos mundos de nossas Américas precisam de uma *ecopoética*, como Jonathan Skinner propõe na revista *Ecopoetics*.

No espaço imaginário de nossas Américas, ninguém tem soberania, nem do sofrimento nem da terra, pois a soberania é o privilégio dos fantasmas e do vento, que já se perderam sem remédio no tempo, também por ele vencidos.

7.

A poética das Américas vem criando, há vários séculos, línguas indígenas sincréticas, distintas daquelas dicções recebidas pelas línguas da conquista e da emigração: indígenas no sentido de terem surgido numa região, de terem se originado num lugar. O lugar: aqui; o tempo: agora – uma encruzilhada por necessidade.

Por isso, eu salientaria, na procura de fios que interligassem as poesias das Américas, a inovação em lugar do refinamento, como uma maneira de documentar a importância do engenho para nossas Américas. Isto é: os pontos de contato que podemos encontrar em nosso mútuo habitar das Américas podem não ser a maneira pela qual temos expandido e refinado uma língua poética herdada da Europa, o inglês de Londres, o espanhol de Madri ou o português de Lisboa. Seriam, no entanto, como essas poesias têm perturbado a ascensão de uma literatura de refinamento e assimilação.

Espero que isso possa sugerir uma resposta à crítica que se faz com freqüência às propostas para ampliar o estudo da literatura norte-americana a uma literatura das Américas. Se a literatura "americana", no sentido dos Estados Unidos, se entende como uma extensão ou desenvolvimento de uma literatura anterior, principalmente britânica, então temos por necessidade que considerar primeiro a antiga herança literária da Inglaterra para entender a nossa. Essa foi a lógica das estruturas dos departamentos de inglês, nos quais o ensino da literatura dos Estados Unidos veio só depois de uma árdua luta na primeira metade do século passado. Digo literatura dos Estados Unidos, e não norte-americana, pois os departamentos de inglês raramente se ocupam da literatura canadense ou mexicana que, no máximo, são vistas como co-laterais, em lugar de fundamentais para o desenvolvimento da literatura dos Estados Unidos.

Num ensaio recente, Frank Davey salienta a escassez de pontos de contato entre os poetas dos Estados Unidos e do Canadá, que desaparecem quase completamente após 1950. Quando aconteceram, essas confluências permitiram aos poetas dos dois lados da fronteira colocar uma série de engajamentos estéticos e políticos comuns frente a posturas poéticas conservadoras, se não nativistas, em seus próprios países. Ao mesmo tempo, as narrativas oficiais das poesias nacionais de cada país têm se constituído como separadas e desconectadas:

> Na cultura canadense, está sempre latente o fato de as raízes do Canadá se acharem em oposição aos Estados Unidos, de que o Canadá tem sido reafirmado pelos próprios cidadãos norte-americanos como a nação norte-americana alternativa [...]. A primeira leva de imigrantes anglófonos eram refugiados da Guerra de Independência dos Estados Unidos, leais ao Reino Unido. A formação do Canadá como nação em 1867 teve lugar, em parte, como resposta aos grandes exércitos dos Estados Unidos que se formaram por causa da Guerra Civil. Assim como os governos canadenses se viram restritos por essa complexa história cultural em sua capacidade de se filiar às políticas dos Estados Unidos, os poetas canadenses têm sido, tanto conscien-

te como inconscientemente, seletivos em suas associações com as poesias e poéticas dos Estados Unidos. No geral, os poetas canadenses têm evitado associações com as poesias hegemônicas dos Estados Unidos ou com as poesias que celebram a nação dos Estados Unidos ("Canadian poetry and its relationship to US poetry", em: *The Greenwood encyclopedia of American poets and poetry*, 2006).

Como afirma Roland Greene, a necessidade de reformar os limites disciplinares dos estudos literários e de se aproximar do que ele chama "Estudos do Novo Mundo" é urgente. Veja-se, por exemplo, o ensaio "New World studies and the limits of national literatures" (*Stanford Humanities Review*, 6[1], 1998):

> Para os estudos do Novo Mundo, a zona de contato não são apenas os lugares literais de encontros culturais, mas os espaços concatenados onde mundos – isto é, sistemas intelectuais ou espirituais representados pelas versões por meio das quais podem ser entendidos ou avaliados – se colocam em relação crítica uns com os outros; a entrada em jogo do termo e conceito de "mundo" é vital para esse projeto.

8.

Uma poética sincrética do engenho e da invenção, da colagem e do palimpsesto, opõe-se ao modelo acumulativo e evolutivo da literatura que ainda impera na academia literária nos Estados Unidos (e em outros lugares das Américas). Se pensarmos a literatura como desenvolvimento mediante uma fertilização por cruzamento, visando a invenção de mundos novos, sinteticamente indígenas, então talvez teremos que considerar poesias paralelas em lugar de poesias ocasionais: a coincidência se tornará mais significante para nós do que a linhagem, pontos de contato terão maior ressonância do que uma origem comum. *Ou pelo menos*: i g u a l m e n t e s i g n i f i c a t i v o. Por isso é que a observação que faz Ernesto Livon Grosman sobre a sincronia entre o grupo nova-iorquino L=A=N=G=U=A=G=E (1978-81) e o grupo de Buenos Aires *Xul* (1980-97) resulta tão atraente: não postula influências, nem causas e efeitos; tais processos são simultâneos, mas estrutural e poeticamente relacionados e até entrelaçados. (Consulte-se o ensaio de Grosman: "The questioning of the Americas", na antologia *99 poets/1999 – An international poetics symposium*, que organizei para a revista *boundary 2* em 1999 e que constitui o ponto de partida para as presentes reflexões.)

A poética das Américas que imagino aqui não consiste em comparações: trata-se de encontros, e de transformação a partir desse encontro; pois, se você fica igual depois do encontro, então não aconteceu encontro nenhum.

9.

O projeto de América – das Américas – é um processo ainda inconcluso, um processo que nunca poderá se concluir.
Pois, quando se concluir, estará acabado.

Nossas Américas ainda estão em processo: como uma conversa, uma experiência, um ensaio. Talvez nossas Américas sejam um procedimento formal, uma hipótese ou um condicional, precisando de uma intervenção estética, engenho improvisado e outra reinvenção imaginativa.

E é por isso, talvez só por isso, que vemos as possibilidades de nossas Américas de maneira mais palpável na poesia: nossa poética vista sob o signo de nossa troca.

Nova York, 1º de maio de 2006.

Tradução: Odile Cisneros

Basta![1]

Nestes tempos difíceis, não nos afastemos de nossa poética numa tentativa de mudar a direção das possibilidades nefastas das futuras políticas do governo dos Estados Unidos ou do efeito oneroso das atuais políticas do governo. Como poetas, temos de procurar nossas próprias formas de resposta ética e estética, e não recorrer à oratória por decreto e à arrogância moral do presidente Bush e seus partidários.

Em seu discurso à nação no dia 28 de janeiro de 2002, o sr. Bush disse: "O objetivo dos Estados Unidos é mais do que seguir um processo, é alcançar um resultado". Essa afirmação em si já é motivo suficiente para nos opormos a suas políticas. O alicerce dos Estados Unidos é um compromisso com os processos acima dos resultados, com a procura por meio da ação, com o pensamento através da resposta. As soluções impostas fora de um processo aberto multiplicam os problemas que já enfrentamos.

Se essa afirmação não tiver força suficiente, se parecer ambígua demais ou insuficientemente categórica, que assim seja. Se vamos falar de "poetas" contra a guerra, então o que há em nossos poemas que constitui essa oposição? Talvez seja uma aproximação à política, tanto quanto à poesia, que não

---

[1]. Apresentado durante a leitura feita no Bowery Poetry Club, no dia 9 de março de 2003, por ocasião do lançamento de *Enough, an anthology of poetry and writings against the war*, organizado por Rick London e Leslie Scalapino (Oakland, O Books, 2003).

se sente obrigada a reprimir a ambigüidade ou a complexidade, nem a substituir o monólogo moralista pelo diálogo de um cético.

Nestes tempos complicados, temos nos visto intimidados pelo discurso moral, forçados a converter nosso trabalho em mensagens digeríveis. Eis aí mais uma vítima da máquina de guerra: a diminuição do valor dos projetos artísticos e estéticos.

A arte nunca é secundária ao discurso moral, e sim sua preceptora.

A arte, não regulada por uma mensagem predeterminada, é ainda mais urgente num tempo de crise. De fato, é uma resposta necessária à crise, que explora as raízes mais profundas de nossa alienação e oferece maneiras alternativas, não apenas de pensar, mas também de imaginar e resistir.

Há uma década, logo após a primeira Guerra do Golfo Pérsico, Leslie Scalapino, que hoje preside esta sessão, enviou "Dead souls" [Almas mortas] – uma série de acusações violentas àquela guerra – a inúmeros jornais, que se recusaram a publicar, em forma de editoriais, um tipo de escrita que achavam inacessível. Mas a tarefa da poesia não é a de se traduzir para uma linguagem que segue as normas sociais e lingüísticas, e sim questionar as normas e, de fato, explorar as maneiras como são usadas para disciplinar e conter a oposição.

A poesia não oferece um norte moral, e sim uma sonda estética. E pode nos fornecer uma alternativa radical ao pensamento ditado por resultados que converteram a Moralidade Oficial do Estado numa farsa do pensamento moral e dos valores democráticos internacionais.

Todos assistimos ao efeito desse pensamento ávido por resultados na Flórida, no outono do ano 2000, quando o Comitê Nacional Republicano lançou uma campanha unilateral e antidemocrática e arrebatou das mãos do vencedor da eleição popular para a presidência [Al Gore] o cargo máximo do Poder Executivo. Para conseguir esse objetivo, o sr. Bush e seus partidários tiveram que se opor a sua suposta crença nos direitos dos estados. Em seu "empenho justiceiro" de ganhar a qualquer custo, a facção de Bush se impôs tanto ao Supremo Tribunal de Justiça quanto à vontade do eleitorado da Flórida. O prestígio e a integridade do Supremo Tribunal dos Estados Unidos foram os danos colaterais da insistência de Bush no ditado "os fins justificam os meios". O Supremo Tribunal, que um dia consideramos o defensor da liberdade, se revelou um instrumento dos interesses da ultradireita republicana. Na semana que se passou, assistimos a esse mesmo tribunal decretar que uma sentença de cinqüenta anos de prisão para uma série de pequenos crimes não constitui um castigo cruel e desumano. Novamente, vemos o desprezo que o ministro do Supremo, o sr. Rehnquist, e seus sequazes, os juízes Scalia e Thomas, têm pelo significado partilhado de nosso idioma comum, significados partilhados que formam os alicerces do sistema legal que por nós foi aprovado por meio da Declaração de Direitos da Constituição.

A "unilateralidade" não é apenas o caminho que o Poder Executivo está seguindo na política externa, com conseqüências desastrosas, mas também na política interna, em seu ataque a nossos direitos, aos pobres e, de fato, a nossas aspirações a uma sociedade democrática.

Portanto, vim aqui, esta tarde, ao Bowery Poetry Club, para dizer, com todos vocês, BASTA!

Tradução: Odile Cisneros

Verso introjetivo[1]

)introvertido   )implosivo   )introspeculativo

incorporando

O Rejeitado

Verso, qual?, se é para tropeçar, bracejar e cair, se é para ser *desimportante*, inútil, talvez se pudesse cogitar, perdê-lo, esquecer as leis e a dimensão: a respiração suspensa[2] da pessoa que se recusa a ser um homem quando escuta.

1. "Introjective verse". Em Charles Bernstein, *My way: speeches and poems* (Chicago, University of Chicago, 1999). Este ensaio dialoga com o manifesto "Projective verse", de Charles Olson (1950), por meio de uma série de inversões marcadas pela lucidez de sua irreverência. Foi escrito em resposta a Pierre Alferi e Olivier Cadiot, editores da *Revue Générale de Littérature*, que haviam pedido a Bernstein um artigo a respeito de "Projective verse" para um número da revista que eles estavam produzindo "às pressas". Bernstein preferiu escrever sobre a falta de pressa. Não bastasse isso, "Introjective verse" redescobre as virtudes de tudo o que é pequeno e feminino, do "desimportante" e da "malcomposição". Ele também inverte o sexo do poeta, transformando-o em "ela", o que reitera sua observação crítica de que "na opinião de Olson, a 'masculinidade' é [...] um termo 'genérico' para a experiência humana *significativa*, à força de uma redução *inconfessa* do não-masculino à insignificância" (Charles Bernstein, "Undone business", em *Content's dream: essays 1975-84* [Los Angeles, Sun & Moon, 1986], p. 328). Esta tradução – que, por sua vez, também dialoga com a tradução de "Projective verse" de Renato Marques de Oliveira e Eric Mitchell Sabinson – foi publicada originariamente em *Sibila* nº 12, jun. 2007. (N. de T.)
2. No original, estabelece-se uma relação entre "breadth" (largura, dimensão) e "breathlessness" (a condição de quem teve a respiração suspensa). (N. de T.)

Não vou fazer duas coisas: primeiro, não vou mostrar o que é o verso introjetivo ou CENTRÍPETO, como ele recua, em sua sina tal qual decomposição, como, distinguindo-se do projetivo, ele fica consternado; e 2, vou me abster de indicar algumas contradições a respeito da maneira como a negação veemente da realidade remove esse verso da crença, o que faz essa aversão, tanto ao poeta quanto a seus não-leitores. (Essa aversão implica, por exemplo, um retorno à técnica, e pode, do jeito que as coisas vêm e vão, se afastar do drama e da épica e levar à matéria-prima dos poemas, seus sons e formas.)

I

Primeiro, algumas complexidades que a pessoa aprende, quando ela trabalha INTROJETIVAMENTE, ou o que se pode chamar de MALCOMPOSIÇÃO DE OUVIDO.

(1) a *patafísica* da coisa. O poema é a energia que a poeta oculta em lugar diferente de onde a encontrou (ela tem vários esconderijos), por meio dos próprios não-leitores, dali em diante até chegar, ao poema. Ai!

Eis o problema que mima a poeta que se desvia das formas adenóides. E implica toda uma série de asneiras. A partir do momento em que pula nos braços da MALCOMPOSIÇÃO CENTRÍPETA – e se enquadra –, ela só faz reafirmar o rumo que o poema recusa. (É muito mais esse salto mortal para trás, por exemplo, do que simplesmente aquele postulado de maneira tão leviana por Wilde, para nos alarmar: a vida imita a arte, e não o contrário. Vamos lá, moças & rapazes, pensem difícil, façam alguma coisa para redistribuir a renda!) (2) é o *abandono do princípio*, o ridículo que rege de maneira tão conspícua esses disrafismos, e, quando reafirmado, é o motivo pelo qual um poema introjetivo recusa a crença. É isto: A FORMA NÃO PASSA DE UMA EXTENSÃO DO DESCONTENTE. E assim se foi, com espalhafato, mais INUTILIDADE.

Agora (2) a falta de jeito da coisa, a maneira como a inépcia da coisa pode ser levada a desfazer as energias que a forma pensava ter consumado. Não se pode reduzi-la a uma afirmação: UMA PERCEPÇÃO NUNCA DEVE LEVAR DIRETAMENTE A UMA OUTRA PERCEPÇÃO. Quer dizer algo muito diferente do que diz, nunca é uma questão de, em momento *algum*, (mesmo – não devo dizer – de ferirmos a realidade como parte de nossa alegria semanal) sair dessa, invocar a paralisia, ficar por fora, desacelerar, as percepções, nossas, as evasões, as evasões de longa data, nada disso, pare com isso o mais que puder, cidadã. E se você também, como poeta, faz corpo mole, RECUSE RECUSE RECUSE o processo em alguns momentos, em alguns poemas, de quando em quando: uma percepção DETIDA, DESACELERADA, POR UMA OUTRA!

E ali estávamos, dando voltas, onde não há dogma. E sua indesculpabilidade, sua inutilidade, na teoria. O que não nos leva, não deveria nos levar, para fora da ciberfábrica, na ocasião, ou 1995, onde se faz o verso centrípeto.

Se eu desafinar – se esquecer, e persistir no falso alarme, sem respirar – ao cantar o som que se distingue da voz, será

pelo único motivo de aliviar o papel que a respiração desempenha no verso, que já foi observado e praticado até demais, de modo que o verso possa se recolher a sua própria imobilidade e a sua ausência de lugar nas bocas que já se perderam. Entendo que o VERSO INTROJETIVO nada ensina, que esse verso nunca fará o que a poeta pretende, seja com os tons de sua voz ou com o teatro de sua respiração...
    Porque o centrípeto questiona a força-da-fala da linguagem (a fala é a "pista falsa" do verso, o segredo dos delírios do poema), porque, desse modo, o poema tem, em virtude da linguagem, evanescência, nada que possa ser destratado como sólido, objetificado, coisificado.

II

O que nada promete, nenhuma realidade fora do poema: nenhuma posição apenas danças. É uma questão de conteúdo, esse descontentamento[3]. O conteúdo de Clease, de Bruce, de Ball, que se distinguem do que eu poderia chamar de ministros mais "literários". Em nenhum momento termina a evasão introjetiva do verso, a forma alimenta a culpa. Se o início e o fim estão na respiração suspensa das palavras, o som nesse sentido material, então o domínio da poesia se confunde e se confessa.
    Dificilmente seria assim: a inutilidade de um neném, para si próprio e, portanto, para os outros, que chora ao interpretar erroneamente sua relação com a cultura, essa ausência de

---

3. Estabelece-se, no original, uma relação entre "content" (conteúdo; contentamento) e "discontent" (descontentamento). (N. de T.)

fluidez semiótica à qual ele deve sua existência gigantesca. Se berrar, terá muito pelo que berrar, e haverá de espernear também, a cultura tem meios desconcertantes de aterrorizar tudo o que se encontra do lado de fora. Mas se permanecer dentro de si, se for contido em sua infância como se participasse da vida que o cerca, ele conseguirá balbuciar e, em seu balbucio, ouvir aquilo que se compartilha. É nesse sentido que a agonia introjetiva, que é a falta de arte do artista nas ruas estreitas do invólucro, leva a escalas mais estreitas que as da criança. É tudo tão fácil. A cultura opera a partir da irreverência, mesmo em suas construções. A irreverência é o que qualifica o ser humano como vegetal, mineral, *animal-estar*. A linguagem é nosso ato mais profano. E quando a poeta reclama aos berros daquilo que se encontra fora dela mesma (no "mundo material", caso se faça objeção, mas também a materialidade dentro dela, por falar nisso), então ela, se optar por refletir a respeito dessa inquietação, pagará na rua em que a cultura lhe deu escala, escala centrípeta.

    Essas obras, embora argumento não seja, não poderiam vir de pessoas que concebessem o verso sem a plena ressonância da mudez humana. A poeta introjetiva vacila entre os fracassos de suas próprias gabolices e aquela sintaxofonia na qual a linguagem se entrincheira, na qual o som ecoa, as elocuções se concatenam, na qual, inevitavelmente, todos os atos estacam.

Tradução: Maria do Carmo Zanini

Charles Bernstein

Charles Bernstein nasceu na cidade de Nova York em 4 de abril de 1950. Freqüentou o colégio Bronx High School of Science e a faculdade Harvard, onde se formou em 1972. Casou-se com a pintora Susan Bee e tem dois filhos: Emma e Felix. De 1990 a 2003, foi professor de poesia e letras da State University of New York, em Buffalo, e diretor do Programa de Poética; em 2002, foi nomeado professor emérito da SUNY. Hoje, Bernstein detém a cadeira Regan de professor de inglês da University of Pennsylvania.

É autor de inúmeros livros de poesia, ensaios-poemas e libretos, entre eles *Parsing* (1976); *Shade* (1978); *Controlling interests* (1980); *The sophist* (1987; reeditado em 2004); *Rough trades* (1991); *A Poetics* (1992); *My way – Speeches and poems* (1999); *With strings* (2001); *Shadowtime* (2004); *World on fire* (2004) e *Girly man* (2006). Organizou *99 poets/1999 – An international poetics symposium*, uma edição especial da revista *boundary 2*; *Close listening – Poetry and the performed word* (1998), *The politics of poetic form – Poetry and public policy* (1990) e *Live at the ear* (1994), uma antologia de audiopoesia. Com Bruce Andrews, editou a revista L=A=N=G=U=A=G=E, que foi transformada em antologia, intitulada *The L=A=N=G=U=A=G=E book* (1984). É editor e co-fundador de The Electronic Poetry Center (http://epc.buffalo.edu) e co-editor, com Al Filreis, do programa PENNsound. Ao lado de Régis Bonvicino, também é co-editor da revista *Sibila*.

Régis Bonvicino (à esquerda) e Charles Bernstein (à direita): "traidor" e "original". Leitura no Espaço Cultural CPFL, *Campinas, junho de 2006.*

Sua obra aparece em inúmeras antologias, entre as quais destacam-se *The Norton anthology of poetry*, *The Oxford book of American poetry*, *From the other side of the century – A new American poetry 1960-90*, *The Longman anthology of poetry – The best American poetry 1992, 2002 e 2004*; *Great American prose poems – From Poe to the present*. Desde meados da década de 1970, os poemas de Bernstein foram publicados em mais de 350 revistas literárias da América do Norte, e seus ensaios e críticas, em mais de 150 periódicos. Seus poemas e ensaios foram traduzidos em mais de cem antologias e periódicos no México, Argentina, Cuba, Brasil, Noruega, Suécia, Finlândia, França, Alemanha, Áustria, Sérvia, Montenegro, Grécia, Espanha, Portugal, Rússia, China, Coréia e Japão. Nos últimos trinta anos, foram mais de duzentas as leituras e palestras, apresentadas no mundo todo, em países como França, Finlândia, Dinamarca, Itália, Portugal, República Tcheca, Alemanha, Áustria, Sérvia, Espanha, Canadá, Cuba, Brasil, Inglaterra, Nova Zelândia e Estados Unidos.

Régis Bonvicino

Régis Bonvicino nasceu na cidade de São Paulo em 25 de fevereiro de 1955. Formou-se em direito pela Universidade de São Paulo em 1978. Trabalhou como articulista do jornal *Folha de S. Paulo* e de outros veículos até ingressar na magistratura em 1990. Seus três primeiros livros, *Bicho papel* (1975), *Régis Hotel* (1978) e *Sósia da cópia* (1983), foram por ele mesmo editados. Hoje estão reunidos no volume *Primeiro tempo*. Destacam-se entre suas coletâneas: *Ossos de borboleta* (1996), *Céu-eclipse* (1999), *Remorso do cosmos (de ter vindo ao sol)* (2003) e *Página órfã* (2007), esta publicada pela Martins. Entre 1975 e 1983, dirigiu as revistas de poesia *Qorpo Estranho* – com três números –, *Poesia em Greve* e *Muda*. Fundou, em 2001, e co-dirige, hoje ao lado de Charles Bernstein, a revista *Sibila* (http://sibila.com.br). Também é co-organizador, ao lado de Yao Feng, da primeira antologia de poetas chineses contemporâneos publicada no Brasil, *Um barco remenda o mar* (Martins, 2007). Fez leituras de poemas em Buenos Aires, Miami, Copenhague, Paris, Marselha, Berkeley, Nova York, Chicago, Coimbra, Cidade do México, Santiago e Barcelona. Sua obra já foi traduzida para o inglês, espanhol, francês, chinês, catalão, finlandês e dinamarquês.

ESTE LIVRO FOI COMPOSTO EM DANTE PELA
NEGRITO PRODUÇÃO EDITORIAL PARA
A MARTINS EDITORA EM AGOSTO DE 2008